與老子笑弈人生這盤棋

王溢嘉

自序●○棋中不語？因爲想翻盤！

——給你不一樣的老子，不一樣的人生

我大學時代附庸風雅，想當個像樣的知識分子。一個像樣的知識分子怎麼能對老子和他的《道德經》一無所知呢？於是興沖沖地去買了一本陳鼓應的《老子今註今譯》，想認真學習。但讀沒多久，就感到納悶。陳先生花很多篇幅去介紹歷來各家對每章字句的註釋，我「幾乎全部跳過去」，而只看他的今譯和引述，但筆墨又太少，而且感覺和當今社會與現代人的生活「幾乎全無關係」。所以，讀著讀著，就把它擱到一邊了。

三年前，我應有鹿文化總編輯許悔之之邀，寫了一本《莊子陪你走紅塵》。寫完後覺得意猶未盡，引燃了我重新解讀古老經典的興趣，去年又和妻子曼麗合寫了《論語雙拼：一個家庭主婦的異類閱讀&一個知識遊民的正向觀照》；這本《與老子笑弈人生這盤棋》可說是此一系列的第三本，用意都是想活化傳統經典，讓它們能和現代人的生活接軌，並嘗試賦予它們新的時代意義。

重新覽讀《道德經》和《老子今註今譯》，我的心思與眼界已迥異於往昔。以前是想知道老子在說什麼、專家又怎麼說，如今則是過了耳順之年的我，要怎麼看老子和專家們的說法？又要如何加以評斷？這顯然不是「資料整理」而已，它需要我多花點時間獨自去摸索和思考，但我樂在其中，因為這正是我想對舊經典提出新解讀的旨趣所在。

但在解讀前，我還是需要先為老子和《道德經》做個簡單的定位。我個人比較相信在歷史上被認為是「老子」者，除了經被提到的李耳（老聃）外，至少還包括老萊子與太史儋（本書統稱之為老子），時間則跨越春秋、戰國時代；而《道德經》應屬集體創作，李耳可能是最早與最重要的主編者（後來又有人陸續添改）。至於《道德經》一書的宗旨為何？有人說它是寫給王侯看的統馭術，有人說它是兵書或謀略書，而我則認同多數專家的看法，認為它基本上是一本哲學著作，但也可以涵蓋上面幾種說法。

這也是我為什麼會把本書書名定為《與老子笑弈人生這盤棋》，而且把《道德經》的八十一「章」改為八十一「局」的原因。因為談的雖然是人生，但多少又有點棋局博弈的味道，而下著下著，漸漸感覺到其中最大的趣味就在於「翻盤」——不是掀桌式的翻盤，而是棋局裡峰迴路旋、勝負翻轉的氛圍。

老子的哲學觀點，有順應自然、虛靜無為、守柔示弱三大範疇，我在相關的篇章（局）裡都會加以論述，但不管你說它是虛靜無為也好、守柔示弱也罷，其實都是對當時主流觀點的翻盤，也是在翻我們人生的盤。在有無、高下、剛柔、強弱的二元對比中，多數人都求有求高、想剛想強，但老子卻把焦點放在反面，而且要從反面去實現正面（將反面轉化成正面），譬如他強調「無為」，然後要以「無為」去實現「有為」；標榜「柔弱」，然後要以「柔弱」去戰勝「剛強」。即使時至今日，它依然是一種非常獨特的逆向辯證法，能賦予我們不一樣的眼光，讓我們看到不一樣的世界和人生。

老子哲思的精闢當然不只這一項。整體說來，《道德經》雖然寥寥五千字，但讀後給我的感覺是整個人由外到裡，被翻轉了好幾遍，不過帶給我的並非暈頭轉向，而是洗滌俗慮後的神清氣爽。雖然受益良多，但既然是想和老子「對弈」，即便他是宇內高手，每個棋子都下得鏗鏘有力，不敏如我者也不能「全盤接受（皆輸）」，而應該向他學習，在他對我的人生進行「大翻盤」時，我也應該盡己所能，對他和《道德經》來些「小翻盤」。

我的「翻盤」主要有兩方面：一是對老子的某些觀點（兼及歷代解老專家的觀點）提出質疑，譬如他對自然的看法、天道與人道的關係、論述時的選擇性認知問題、對儒家的批判，還有他以「改變想法」來代替「改變現況」的合宜性問題等等。這不是在找碴，而是希望藉此引起大家的注意和思考，讓老子原先的觀點能更加周延。

一是《道德經》全書只談觀念，而沒有任何具體的人與事例（這其實是相當難得的），而我則不能免俗，幾乎每一局都會引用古今中外的人與事，像劉邦、蘇東坡、曾國藩、尼采、佛洛伊德、愛因斯坦等等，特別是還舉了不丹王國的幸福指數、生態平衡、兩岸關係、朱銘的雕刻、周夢蝶的和光同塵、施明德的愛情三不主義等等時人時事，目的除了希望能增加讀者對老子觀點的了解外，更是想讓大家明白老子的哲學一點也不落伍，只要好好心領神會，它依然對我們的現實人生和社會有很大的針砭與指引作用。

人生如棋，局局新。但下棋的規則是一樣的，勝負也有一定的脈絡可循，它們就是老子所說的「道」。掌握「道」，才能下好人生這盤棋。那什麼是「道」？就請大家好整以暇，翻到第一局，從老子為我們擺好的棋局裡慢慢去體會吧！

二〇一五年七月

目次

第一局●○道：自然與人生vs.物理與哲理

道可道，非常道；名可名，非常名。無，名天地之始；有，名萬物之母。故常無，欲以觀其妙；常有，欲以觀其徼。此兩者同出而異名，同謂之玄。玄之又玄，眾妙之門。

可以用語言表述的「道」，就不是恆常的「道」。可以用名稱界定的「名」，就不是恆常的「名」。「無」，是天地的起始；「有」，是萬物的根源。所以，從「無」的角度，可以揣摩「道」的奧妙；從「有」的角度，可以觀察「道」的蹤跡。「無」和「有」的名稱雖然不同，來源卻相同；這種同一，就叫做玄祕。玄祕而又玄祕啊！是宇宙萬般奧妙的總門戶。

弈後語

行家一出手，便知有沒有。老子的這個起手式真是玄妙無比。一個對人生感到好奇、喜歡思考、想要了解這個塵世及周遭萬事萬物究竟是怎麼一回事的人，必然會被他這段話所吸引（老子是誰眾說紛紜，下面就單以「老子」來統稱《道德經》的所有可能作者）。

宇宙萬物是如何產生與運作的呢？很多人把它推給一個造物主（上帝），而「道」則是老子所提供的答案。但他開宗明義就提醒我們，真正的「道」是不可言說，無法用語言文字做完整而精確的表達，因為語文不只有它的侷限性，更有它的歧義性，老子所說的「道」，還有接下來的「無」與「有」等都是「名」，它們真正的涵義是什麼，就一直眾說紛紜。但我想這並非老子在故弄玄虛，而是他一語道破了人類在認知與探究諸多問題時的困境。

有人指出，既然老子一開口就說「道可道，非常道」，那接下來為什麼還說得那麼多，不是在自打嘴巴嗎？我以為這正是一個偉大思想家應該有的風範——樂於思考、表達自己對諸多問題的看法，但同時又提醒自己和他人，自己的觀點絕非什麼「絕對真理」，既不周全完備，可能還有不少破綻、錯誤，歡迎找碴。這也是我們這些後生小輩在讀《道德經》時應該有的態度：即使老子說得再好，我們也不能盲目地全盤接受，而要自己用心去思考和推敲，當他露出破綻時，可能還需要好好戳他一下。

宇宙萬物都是「有」，但這些「有」從何而來？我們一直往上推，即使把它們推給上帝，上帝又從何而來？老子認為宇宙萬物的最初根源是「無」，這裡所說的「無」可以是空無、無可名狀、不可思議的一種狀態；然後從「無」裡生出「有」，然後再「一生二，二生三，三生萬物」（見第四一局）。而「無」裡為什麼會生出「有」？答案就是「道」。這個說法看似玄妙，跟當今物理學界對宇宙起源的觀點倒是非常類似：我們所置身的這個宇宙是由一個密度無限大、體積無限小、無可名狀、不可思議的「奇點」，在大約兩百億年前的一次大爆炸，不斷擴張、衍生而成。而在此之前，什麼都沒有，連時間也不存在，也就是「無」。

老子所說的「道」、「無」與「有」，還讓人想起物理學家愛因斯坦說過的一段話：「所有的事物……都是由一種我們無法控制的力量所決定。上至星辰下至昆蟲，它的影響力無遠弗屆。不論是人類、蔬菜還是宇宙塵——我們都是隨著一種神祕的音樂起舞，然而這吹奏者卻遙不可測。」愛因斯坦所說的「吹奏者」，讓人想起基督教的「上帝」，但我以為它更接近老子所說的「道」，兩者有不少互通之處：

愛因斯坦認為宇宙萬象背後有一些共通的運作律則，也就是現在通稱的「物理」。「物理」包含兩個面向：一是「物」——星辰、昆蟲、人類、蔬菜等存在物；一是「理」——神祕的音樂、萬有引力、磁場、能量等律則。「物」就是老子所說的「有」，「理」就是「無」（無形的律則）；從物質面，我們可以看到「道」的蹤跡（觀其徼）；從律則面，我們可以認識「道」的奧妙（觀其妙）。物質（有）與律則（無）乃是「道」一體的兩面（同出而異名），但為什麼會有這些物質和律則？它們又如何形成？愛因斯坦覺得神祕難解、遙不可測，也就是老子所說的「玄」。

但我並不想跟某些人一樣穿鑿附會，說老子是什麼「現代物理學或宇宙學的先知」。因為我認為老子畢竟只是個哲學家、思想家而非科學家、物理學家，他對宇宙起源與法則的描述是哲學式的，可能來自他的觀察與思考，它們之所以和發軔於西方的當代物理學有類似或雷同之處，也許就像皮亞傑所說：「知識的結構在反映心智的結構。」——不管古今中外，所有偉大的人類心智在思索同一個問題時，經常會得到同樣的結論。我們要知道，愛因斯坦就是老子的忠實讀者，知名的華人數學家陳省身說他在美國普林斯頓大學做研究時，曾到愛因斯坦家裡做客，就在愛氏書籍不多的書架上看到一本德文譯本的《道德經》，愛因斯坦跟老子應該是惺惺相惜。

但我還是必須說，老子的「道」跟愛因斯坦的「神祕音樂」仍然有所不同。基本上，愛因斯坦是個物理學家，他說的只侷限於自然界的物質、現象與律則，也就是一般所謂的「天道」；但身為哲學家的老子卻想將「天道」擴及「人道」，也就是想藉他對自然現象、律則的觀察與思考鋪衍出一套用以安身立命的人生哲理。這是否可以成立？在一個層面（天）出現的現象或律則，必然會重現或適用於另一個層面（人）嗎？就讓我們慢慢看下去吧！

第二局 ●○ 有無相生：人間相對論的超越

天下皆知美之為美，斯惡矣。皆知善之為善，斯不善矣。有無相生，難易相成，長短相形，高下相傾，音聲相和，前後相隨。是以聖人處無為之事，行不言之教。萬物作焉而不為始，生而不有，為而不恃，功成而不居。夫唯不居，是以不去。

弈後語

當世人都知道什麼是美時，追求美就會帶來壞事。都知道什麼是善時，追求善反而導致不善。有和無相互依存，難與易相互轉化，長和短相互顯現，高與下相互包含，音和聲相互呼應，前與後彼此伴隨。所以，聖人以無為的態度來處理事情，用不言的方式來實施教化。他任由萬物興作而不加以干涉，有所生養而不據為己有，有所作為而不自恃其能，有所成就而不自居有功。正因為不自居其功，所以功績不會泯滅。

我們活在一個什麼樣的世界裡呢？稍加注意就不難發現，我們活在一個充滿對比與差別觀的世界裡。對世間的萬事萬物，我們習慣於將它們分為美與醜、善與惡、智與愚、有或無、難或易、高或下……。老子告訴我們，這些劃分其實都是人為、主觀、相對的，也是經不起考驗的，但卻會帶來很多紛擾。

「天下皆知美之為美，斯惡矣。」不是說大家都認為什麼是美，就有了醜；或這個美就會變成醜；而是美與醜不僅相應而生，世人還給予它們不同的評價，因為多數人都喜歡美，結果為了追求美，反而會做出各種虛矯的醜事。對善惡的劃分與評價也是如此，為了博得善的美名，很多人刻意為之，結果「偽善」總比「真善」來得多。

美醜、善惡、有無、長短、難易、智愚的界定不只相對，會因為比較或隨年代、文化、個人而有所差異，而且，「有」可以變成「無」，「無」又生出「有」；今天的「美」會變成明天的「醜」，而昔日的「惡」則轉為今日的「善」，也就是說，它們彼此之間是相生相成，可以互相轉化的。但多數人卻身陷在二元對比的僵硬樊籠裡，產生喜怒好惡，情緒為之七上八下。我們只有跳出這個樊籠，才不會再受其肆虐。但要如何跳出樊籠呢？

在這裡，老子端出了他的「聖人」。儒家的「聖人」意謂德行無瑕的完美人格者或主政者，而老子的「聖人」指的則是順乎自然、體合天道的理想人物或領導者。當我們像聖人般敞開心胸和視野，看看外面的廣大世界，就會發現自然無為、天地不言，「天道」對她所孕育的萬物沒有分別心，哪有什麼高下、美醜、善惡之別？我們只有先體悟這個「道」，才能超越人間的差別觀。但要像自然一樣絕對的無為與不言，恐怕也是陳義過高，其實，老子說聖人「處無為之事」，並非什麼事都不做，而是無刻意之為，不會根據自己主觀的執念去強作妄為；「行不言之教」也不是什麼都不說，而是少說多做（身教重於言教），不會動不動就拿自以為是的觀點向人訓話說教。能做到這兩點就很不簡單，可說「超凡入聖」了。

「天道」的另一個特色是讓萬物自生自化，不加干涉，更不會據為己有、自炫其能或自居有功，一個悟道者也應該如是表現：即使自己有所生養、作為與成就，譬如養出了一個得諾貝爾獎的兒子或公司業績達到一千億，也覺得「沒什麼」；縱然「有什麼」，也是很多人的功勞，不自以為很了得——最後並導出「因為不自居其功，所以功績不會泯滅」的結論。

這樣的觀點以後還會一再出現，它在反映老子某種獨特的思維，卻也是充滿智慧的人生哲理：就是因為不自以為了不起，反而讓人欽佩，覺得他的確很了不起。真正的偉大，乃是來自認為自己一點也不偉大。因為「無」，所以「有」，這才是對人間相對論最大的超越。

第三局 ●○ 欲望當頭：回復自然的眞實飽滿

不尚賢，使民不爭；不貴難得之貨，使民不為盜；不見可欲，使民心不亂。是以聖人之治，虛其心，實其腹，弱其志，強其骨。常使民無知無欲。使夫智者不敢為也。為無為，則無不治。

不崇尚賢名，方能使人不起爭心。不看重難得的珍寶，才能使人不起盜心。不展示可欲之物，方能使人的心思不被惑亂。所以聖人為政，要清淨人民的心思，滿足人民的安飽，減損人民追逐的意志，增強人民的體魄。讓人們常常處於無知無欲的祥和狀態，那麼，即使有賣弄聰明的人，也不能胡作非為。以無為的態度去處理世務，就沒有治理不好的地方。

弈後語

人活著，就會有各種欲望。一個人有什麼欲望、又如何看待這些欲望，決定了他人生的紋理和色彩。本局後半的「常使民無知無欲」這句話，經常被認為老子希望大家做個沒有知識、沒有欲望、不食人間煙火的蠢蛋。但我想這是對老子莫大的誤解。

先說欲望。人不可能沒有欲望，如果連食欲和性欲都沒有，那人類早就滅絕了。世人的欲望雖然非常多樣，不外兩大類：一是自然的欲望，譬如飲食、性、睡眠、保暖、親情等，它們都出於自然，也是我們的生物本能。一是文明（非自然或超乎自然）的欲望，像追求財富、名聲、地位、知識、權勢、購物等，都是人類文明化後才有的非自然欲望；或經過文明包裝而成為超乎自然的本能欲望，譬如去吃一碗五百元的牛肉麵。

自然的欲望雖然必要，卻很容易獲得滿足，多數人在吃了兩碗飯後就吃不下了。文明的欲望雖然非必要，但卻「填不滿」，不少人明明已經擁有很多財物、很高名望了，卻還想要更多而終日奔波，與人勾心鬥角。人類文明化後，大家爭逐的多屬這類非必要的文明欲望，但它們也成了社會紛擾、人心浮動的主要原因。

老子在這裡所說的「無欲」，跟前面所說的「無為」類似，指的是不要有非自然與超乎自然的文明欲望。而「無知」指的則是不要有去追求與滿足文明欲望的知識。但要怎麼做到呢？老子提出了兩個具體可行的辦法：

一個是相當符合當代認知心理學的釜底抽薪法：很多文明的欲望其實並非普世皆有，而是來自個人、時代或族群特別的認知與價值觀，釜底抽薪就是改變價值觀與認知——如果一個國家或公司訂出「愈有名聲的我就愈不採用」的規矩，那還有幾個人會有追逐名聲的欲望呢？這就是「不尚賢，使民不爭」；如果大家都認為「鑽石不過是另一種煤炭，喜歡佩戴鑽石就說明了你的庸俗」，那鑽石還會那麼貴重、被人搶著要嗎？這就是「不貴難得之貨，使民不為盜」。很多欲望我們原本沒有，都是因為接觸才被挑起的，譬如到百貨公司看到琳瑯滿目的精美商品，讓人既羨慕（想要）又挫折（買不起），心裡五味雜陳；但你不去就不會有這種問題，那何必自討苦吃呢？這就是「不見可欲，使民心不亂」。

另一個是類似精神分析的溯源固本法：佛洛伊德認為有些人之所以會汲汲於追求名利、權勢、知識等等，其實都是因為本能欲望受挫，才轉而去尋找「替代性的滿足」。從這個角度來看，老子的「虛其心，實其腹，弱其志，強其骨」將更具啟發性：在個人修為方面，我們不僅要保持心靈清靜（虛其心），減少追名逐利的意志（弱其志）；在現實生活裡，更要填飽肚子（實其腹）、維持身體健康（強其骨），讓本能的欲望都能獲得滿足，回復自然的真實飽滿，心中一片祥和，就不會渴望去追求什麼名利、權勢等替代性的東西。

老子說的「無知無欲」，其實也代表一種心境。在回復自然的真實飽滿後，心中了無罣礙，渾然忘我，忘了什麼叫知識和欲望，更忘了這是不是叫做「蠢蛋」？這樣不是很好嗎？

在這一局及接下來的很多場合，老子都是以一個賢明的統治者（聖人）應該如何治理國家和人民為著眼點，這對現代讀者來說似乎顯得非常遙遠，其實，我們只要換套服裝、換個腦袋，那麼老子對一國之君的建議就可做為一方主管或一家之主的參考；而說到底，我們每個人都是自己身心的「統治者」，大家也可以用這種方法來「管理」自己的身心。

當然，身為一個現代文明人，我們不可能沒有文明的欲望，而多些知識也無可厚非，只是不要本末倒置，乃至捨本逐末，為了追求名利和權位，而吃不飽、睡不好、冷落了妻兒、折損了身體，那就得不償失了。

第四局 ●○ 眞空妙有：兩個宇宙的創造

道沖，而用之或不盈。淵兮，似萬物之宗；湛兮，似或存。吾不知誰之子，象帝之先。

「道」空虛無形，作用卻無窮無盡。淵遠深奧啊，像是萬物的宗主。幽隱沉靜啊，似有若無的存在著。我不知道它是從哪裡產生的，似乎在有天帝之前就有了它。

弈後語

當代最傑出的理學家霍金在香港演講（二〇〇六年）時，有人問他上帝是否存在的問題，霍金用下面這個故事來回答：法國科學家拉普拉斯曾向拿破崙解釋科學定律如何影響宇宙的演進，拿破崙聽了後，問：「上帝在這過程中扮演什麼角色？」拉普拉斯回答：「我並不需要這個假設。」

兩千多年前的老子就已經不需要這個假設了，他認為宇宙萬物和它們背後的運作法則，都來自「道」。《道德經》裡共出現七十三個「道」字，除了表示「說」（如「道可道」的第二個「道」字）外，至少有下面四層涵義：一、無形的、超乎人類感官經驗的絕對而永恆的存在；二、創生宇宙與萬物的原動力；三、宇宙萬物運作的律則（天道）；四、為人處世的理想準則（人道）。雖然它有時只有一種涵義，但通常都有兩或三個以上的涵義，因為老子認為這四個層面由上而下是彼此關聯的。

本局所說的「道」字就有多層涵義：「道沖」再次強調「道」是空虛無形（沖）的，但正因為空虛無形，所以有著無窮盡的作用（用之或不盈）。一般人多認為，只有具體有形的東西才能發揮作用；其實，凡是有形的，作用必然也是有限的，因為形體會限制它的作用。「道」的空虛無形反而潛藏了各種可能性，而其中最重要的一個作用就是它創生了宇宙與萬物（萬物之宗）。

我們在前面已提過，老子對宇宙萬物起源的看法跟當代物理學有類似之處。「淵兮」與「湛兮，似或存」，就是在形容宇宙創生前後的狀態。雖然他不知道創生宇宙的原動力及運行的律則從何而來，但他認為這兩個「道」，在大家所說的「天帝」出現之前就已經獨立存在。由此也可知，他排除了宇宙萬物是由一個造物主創造出來的說法，在兩千多年前，這是很特殊的觀點。

在這一局，老子並未將他認為的這個「天道」鋪衍成「人道」。但它讓我想起禪宗所說的

「空無之處存妙有」，還有蘇東坡的一首〈詠素紈〉詩：「素紈不畫意高哉，倘著丹青墮二來；無一物中無盡藏，有花有月有樓臺。」意思是說白絹（素紈）在未經畫染前的意境最高，但一經丹青著色定形，就淪為二品了。他由此而領悟「空無」的無限潛能——可以成為花、月、樓臺等各種東西。老子、禪宗和蘇東坡在這方面可以說是英雄所見略同。

將物質宇宙的「真空妙有」概念落實到生活層面，即為：我們在觀人看事時，如果能先淨空心中所有的執念與雜念，讓心靈在空虛無形的狀態下，笑納一切，讓它們成為自己的花、月與樓臺，那就能為自己創生一個豐富華好的心靈宇宙。於是「天道」與「人道」相互呼應，而這豈非就是「天人合一」的理想境界？這樣的聯想當然不錯，很多人也喜歡做這種聯想，因為它能讓人的感受變得更加美好與深邃。但我們要知道，禪宗（佛家）與蘇東坡對空無的認知並非來自他們對宇宙的觀察，我們不必什麼都去扯「天人合一」。沒有「天人合一」，生命照樣美好與深邃，說不定還更加真實。

第五局 ●○ 芻狗與風箱：萬事萬物的起伏之道

天地不仁，以萬物為芻狗；聖人不仁，以百姓為芻狗。天地之間，其猶橐籥乎？虛而不屈，動而愈出。多言數窮，不如守中。

天地沒有偏私，把萬物當成祭祀時用的芻狗，讓它們自榮自枯；聖人沒有偏私，把百姓看做祭祀時用的芻狗，讓他們自興自衰。天地之間，不正像一個大風箱嗎？空虛但不匱乏，愈鼓動風就愈多。議論或政令太多，很快就會碰壁，還不如保持虛靜。

弈後語

人生流變不居，有起有伏。而這，其實也是自然之「道」。為了讓我們了解自然與人生的起伏之「道」，老子用了兩個比喻：芻狗與風箱。

先說芻狗：它是用草紮成的狗，做為祭祀用品。在使用時，裝飾得甚為華麗，也備受重視；

但用完即被拋棄，任人踐踏。把萬物和百姓比喻成芻狗，可以說是「視之如草芥」，反映天地和聖人的「冷漠無情」；但比較圓融的說法是「不仁」並非「冷漠無情」，而是「沒有偏私」——天地把萬物當芻狗，是讓它們自榮自枯；而體合「天道」的聖人或領導者把百姓當芻狗，也是讓他們自興自衰，沒有偏愛。

榮枯有時、興衰無常，這其實是很自然的事。讓萬物與眾人隨他們自己的節奏與意向去發展，在起起伏伏中，我們不必也不要因個人的好惡而橫加干涉，這似乎更符合老子所說的「天道」，還有他要我們遵循的「人道」。

再說風箱：它是煉鐵時用來生風旺火的工具。風箱裡面是空的，但只要稍一鼓動，就會生出風來，而且愈鼓動風就愈多，源源不絕，生生不息。它的作用就來自中空，所以，體合「天道」的聖人或悟道之士也應該「守中」，但並非儒家所說的持守中庸之道，而是保持虛靜——喜怒哀樂之未發謂之「中」。你愈以人為的方式去干預，就愈會帶來混亂。

但我覺得老子用風箱做比喻，可能有比單純的「虛靜無為」更深刻的涵義。風箱不只是裡面空虛而已，它的作用來自鼓動時的一脹一縮（也是一種起伏），有人因此把老子視為是當今「宇宙脹縮論」的先驅者。這個理論認為宇宙在由「奇點」大爆炸後，即不斷膨脹（現在還處於膨脹階段），但在膨脹到一個臨界點後，它又會開始收縮，而在收縮到成為一個無限小的「奇點」後，又會大爆炸開來，進入另一個循環。把老子的「風箱說」視同「宇宙脹縮論」很有想像力，但我想這並非老子想告訴我們的重點。

重點應該是萬物的榮枯、國家的興衰等，拉長時間來看，就好比風箱的脹縮，而且彼此之間還有連動關係，譬如這個國家的膨脹（興），就會導致另一個國家的收縮（衰）。現在我們已確知它是生物界的一個律則（道），加拿大雪兔與山貓數量的起伏就是典型的例子：當食物豐富且掠食者山貓不多時，雪兔即會大量繁殖（膨脹），山貓也會因獵物多而跟著大量繁殖；但這樣又會導致雪兔（被獵殺）族群的減少（收縮），結果山貓的數量也隨之減少；而在獲得喘息後，雪兔又開始大量繁殖，於是進入另一個循環。自然界就是靠這種脹縮循環來維持生態的平衡與穩定，這也是另一種「天地不仁」，你如果覺得雪兔被山貓撲殺很可憐，「仁心」大發而出手干預天道，那通常只會帶來意想不到、更糟的後果。

人生和世事總是起起伏伏，恰似芻狗的受尊榮與被冷落，亦如風箱的一脹一縮，但這正是讓宇宙和萬物生生不息之「道」。何須為此傷神勞力？與其出手干擾它，不如虛心接納它，讓自己隨著自然的節奏俯仰天地間，縱浪大化中，恐怕是比較明智、輕鬆自在的做法。

第六局 ●○ 玄牝之門：歌頌女性創造力的自然哲學

谷神不死，是謂玄牝。玄牝之門，是謂天地根。綿綿若存，用之不勤。

虛空玄妙無比，滋生萬物，生生不息，所以稱為「玄牝」，具有不可思議的生殖力。這個「玄牝」的門戶，就是天地萬物的根源。它若隱若現，綿延不絕，作用無窮。

弈後語

二〇一三年秋天，我到湖南的張家界旅遊，意外在群山中發現一尊手持弓箭的納美人雕像。看到那獨特的造型，還有周遭秀異的山峰，腦海裡立刻浮現電影《阿凡達》裡的精采片段、導演卡麥隆、鳳凰、母系社會……還有老子。

在電影《阿凡達》裡，納美人所居住的潘朵拉星就是取景於張家界，除了景色特殊外，還讓人產生微妙的聯想：納美人的坐騎「魅影」跟張家界附近苗族、土家族所崇拜的神鳥鳳凰非常類似（附近就有一個鳳凰古鎮），而且他們也都信奉大地之母，主張與自然和諧共處，有濃厚的母系社會色彩……，導演卡麥隆可說選對了地方。

但為什麼想到老子呢？因為位於長江中游的湖南和湖北是楚文化的發祥地，老子其人及故鄉雖然眾說紛紜，但大家公認他是春秋或戰國時代的楚國人，而《道德經》則是楚文化的代表作。本局（章）雖然寥寥數語，卻很明顯的屬於母系社會文化。老子所說的「谷神」與「玄牝」都告訴我們，他認為雌性才是創生宇宙萬物的原動力與主導者（天地根）。

就字面上來看，「谷」是溪谷，代表深邃、空寂；「神」是玄妙、神祕；「不死」表示生生不息；「谷神不死」意謂從深邃、空寂、神祕的某處爆發出創生宇宙萬物的源源不絕的力量。但為什麼老子會將它稱為「玄牝」呢？因為在中國，「谷」原本就是雌性的象徵，《大戴禮記》就說：「丘陵為牡（雄性），溪谷為牝（雌性）。」晚近的精神分析之父佛洛伊德也指出，像容器般的山谷乃是子宮與女性的象徵。有人更認為，最早出現在金文中的「道」字，看起來彷彿就是「胎兒分娩」的象形字。但我想我們也不必扯太遠，老子的意思很清楚，他認為創生宇宙萬物的「道」，乃是一種類似雌性生殖力的不可思議之力量。

幾乎所有古老的文明都頌讚與敬畏雌性的生殖力量，不少文化還認為宇宙萬物就是從一個不可思議的神祕「洞口」源源不斷地噴出，而它通常被認為是母系社會的產物。在《道德經》

裡，就出現的次數來說，牝（五次）、雌（二次）、母（七次）等語彙也遠比牡（二次）、雄（一次）、父（一次）要來得多，而且代表更重要的意義。這也表示老子的思想，特別是在和同代的諸子百家相較（譬如儒家），很明顯地具有或依然保有濃厚的母系色彩。

在中國的春秋戰國時代或之前，這種色彩屬於南方，也是楚文化的一個特徵。老子的這些思想也許在反映這種地域性，但我們要知道，當時的楚地亦盛行神鬼巫術之說，而《道德經》卻完全擺脫了鬼神之說，不僅少有神祕主義色彩，而且還相當理性，我們可以說那是一種「母系的理性」，而這正是老子獨特的地方。老子的強調「谷神不死」與歌頌「玄牝之門」，要抬舉的顯然不是它們不可思議的生殖力，而是它們所代表的源源不絕的創造力。

這在今天似乎顯得特別有意義。《阿凡達》是西方人拍給西方人看的電影，當我們所在的星球和社會飽嚐巧取豪奪（父系價值觀）的惡果時，卡麥隆告訴西方人，在遙遠的潘朵拉星有一群納美人，他們的母系社會價值觀很可以給我們作參考。《道德經》是男人寫給男人看的書，老子也提醒把社會弄得滿目瘡痍的男人，在遙遠的春秋時代有過歌頌女性創造力的自然哲學，重新認識、親近、奉行它，將會是一件好事。

第七局 ●○ 浮世弔詭：對生命的反向思考

天長地久。天地所以能長且久者，以其不自生，故能長生。是以聖人後其身而身先；外其身而身存。非以其無私邪？故能成其私。

天長地久。天地為什麼能夠長久？因為它們不求自己生存，所以能夠持續生存下去。因此，聖人退居眾人之後，反而贏得眾人愛戴；把自己置之度外，反而能保全性命。這不正是由於他的無私，反而成全了他的私嗎？

弈後語

人生充滿了各種弔詭。其中一個常見的弔詭是：你愈想追尋某種東西，它就離你愈遠；而當你不想要時，它卻又出現在你眼前。譬如你愈想趕快入睡，就愈睡不著；而當你必須保持清醒時，卻偏偏睡著了。在這一局，老子對這種生命弔詭提供了一個獨特的看法。

他從「天長地久」談起。先自問天地為什麼能長長久久？然後替天地回答：因為它們不自求生存，所以反而能持續生存下去。姑且先不論天地是否「有知」，它是否就是天地的「意向」，老子主要是想從他認為的這個「天道」，推演出如下的「人道」：體合「天道」的聖人因為「後其身」（退居眾人之後），所以能「身先」（受眾人愛戴，被拱到前方）；因為「外其身」（把自己置之度外），反而能「身存」（保住性命）；然後導出因為「無私」，所以能得到「私（利）」的結論。這樣的推演模式，跟第二局的「夫唯不居，是以不去」（因為不自居其功，所以功績不會泯滅），可說是如出一轍。

我們可以將此稱為「反向思考」或「逆向辯證法」。前面已說過，每個概念都有它的對立面，有長就有短，有先就有後，有美就有醜、有善就有惡，有正就有反；老子提醒我們，看事情不能只看一面，應該正反兩面一起觀照，而它們的關係就像第二局所說：「有無相生，難易相成，長短相形，高下相傾。」也就是兩個對立面是相生相成，可以互相轉化的，這跟當時「相生相剋」的主流思潮有很大的不同。老子獨特的地方是在正反兩面中，他不只把焦點放在反面，而且要從反面去實現正面（將反面轉化成正面），譬如在「有為」與「無為」的對比中，他強調的是「無為」，然後要以「無為」去實現「有為」；在「私」與「無私」的相對關係中，他著重的是「無私」，然後要以「無私」去成就「私」。

這聽起來似乎有點弔詭，我們最好用一個具體的實例來做說明。在詮釋老子思想的《淮南子》一書裡有個故事：公儀休非常喜歡吃魚，在擔任魯國宰相時，很多人都來向他獻魚，但他一律謝絕不收。弟子問他：「先生您喜歡吃魚，為什麼又不接受人家送的魚呢？」公儀休回答：「正因為喜歡吃魚，所以才不接受別人送的魚。如果我收了別人送的魚（受賄），就有可能被罷免相位，這樣就吃不到魚了！我不接受別人送的魚，保住了相位，反倒能長期吃到自己買的魚。」

不接受人家送的魚，才能永遠吃到魚。或者反過來說，為了想永遠吃到魚，就不要接受人家送的魚。這就是「逆向辯證法」，它提供我們看事情、想問題的另一種角度和思維，而且還頗有醒世作用。我們每個人都有一些「私念」，譬如想要快樂，擁有名聲、財富、權力等，但要如何得到這些「私」？老子告訴我們，那就不要老是念茲在茲，眼裡心裡只有這些「私」，而是要先「無私」——忘掉自己，為別人著想，然後你才能得到快樂、名聲、財富與權力。雖然有人認為這有點「權謀」，但能這樣想、這樣做，不是也很好嗎？

第八局 ●○ 上善若水：效法水的七個優點

上善若水。水善利萬物而不爭，處眾人之所惡，故幾於道。居善地，心善淵，與善仁，言善信，政善治，事善能，動善時。夫唯不爭，故無尤。

最高的善像水一樣。水善於滋養萬物而不與萬物相爭，它停留在大家所厭惡的地方，所以非常接近「道」。得道之人應該如水一般，居處安於卑下，心境空靈靜默，與人交往有仁有愛，言語信實可靠，為政讓人人安居樂業，做事盡其所能，行動合乎時宜。正因為不與人相爭，所以不會帶來怨咎。

弈後語

看到水，你想到什麼？我想到賈寶玉，然後是女人。賈寶玉說：「女人是水做的。」

老子想到的則是「最高的善」，但說的很可能也是「女人」。因為在中國文化的符碼系統裡，水一直是女性本質和力量的象徵（火則是男性本質與力量的象徵）。老子對水的高度評價不只說明了他來自水鄉澤國，更表示他對女性本質和力量的高度肯定。

首先，老子說水「善利萬物而不爭，處眾人之所惡（卑下）」，這是最高的善行，是「道」的一個特性，也是傳統女性的特質。接下來，他列舉了水的七種優點，認為那是我們應該向水學習的為人處世之道。但因為太過言簡意賅，讓人有點摸不著頭緒，還好北宋的蘇轍著有《老子解》一書，對老子所說水的七種優點（特質）做了很精闢的解說：

第一，水「避高趨下，未嘗有所逆，善地也」：我們不僅要像水往低處流一樣，保持謙下；還要提醒自己「劇憐高處多風雨，何必更上一層樓？」凡事不可強出頭。能堅守這個原則（未嘗有所逆），那就是善於居處了（居善地）。

第二，水「空虛靜默，深不可測，善淵也」：這裡的空虛寂寞並非現代人所說的孤獨、無聊、渴望熱鬧，而是我們的心境要像淵潭一般沉穩平靜、空靈通透，不受外界干擾，也不會隨便表露自己的情緒，讓人一覽無遺（心善淵）。

第三，水「利澤萬物，施而不求報，善仁也」：水供養萬物但卻不求回報，我們與人交往，也應該如水一般，具備「仁民愛物」之心，盡量幫助別人，卻不覺有恩於人，希望對方回報（與善仁）。

第四，水「圓必旋，方必折，塞必止，決必流，善信也」：水遇到圓的地方就會旋轉，碰到方直之壁一定折返，被塞住就會靜止，決堤則必然奔流，這些表現都信如鐵律。像水一樣做個信實可靠的人，正是我們要努力的目標（言善信）。

第五，水「洗滌群穢，平準高下，善治也」：水能夠清洗、沉澱各種骯髒的東西，讓汙穢轉為潔淨；又可以均勻分布於高低不平之處，讓它們取得平衡。我們在治理一個國家、公司或家庭時，也應該把握這樣的好原則（政善治）。

第六，水「遇物賦形，而不流於一，善能也」：水不僅隨遇而安，而且在方形的容器中就成方形，在圓形的容器中就成圓形，不拘一格，自在無礙。我們不管在什麼環境中，如果能像水這樣打破框架，充分發揮、靈活運用自己的各種潛能，那就非常理想（事善能）。

第七，水「冬凝春泮，涸溢不失節，善時也」：水在冬天就結冰，春天就融化，隨著節氣而乾涸或滿溢，在不同的時候就會有不同的表現。我們做人做事也應該如此合乎時宜，在對的時候出現在對的地方，做對的事（動善時）。

蘇轍在最後說：「有善而不免於人非者，以其爭也。」一個人即使擁有這七種優點，但若與他人相爭，那還是會受人非議。所以，「不爭」才是最高的修為，不要看那浪花爭先恐後，波濤洶湧，它們其實都是在往低處跑。

水的這七個優點，不盡然是女人所有，但在本質上，較偏向傳統的女性氣質應該是可以被接受的。所謂「水能載舟，亦能覆舟」，客觀而言，水也有不少缺點，甚至優點會轉為缺點（美好的女人也會成為「禍水」），譬如山洪暴發時，往低下流的洪水就會讓住在低窪地區的人遭殃；又譬如水雖然能清洗、沉澱各種髒東西，但有些東西泡浸在水裡太久，也容易發霉、腐爛。這樣說不是要故意找碴，而是要提醒大家，在效法水的優點（或欣賞女人的優點）時，我們必須知道，在某些情況下，優點就是缺點，這也正是老子自己說的「有無相生，高下相傾」，盲目而固執地遵從，被老子牽著鼻子走，顯然是會讓他失望的。

第九局 ●○ 功成身退：適可而止的智慧

持而盈之，不如其已；揣而銳之，不可長保。金玉滿堂，莫之能守；富貴而驕，自遺其咎。功遂身退，天之道。

累積到滿溢出來，不如及時停止；千錘百鍊的銳利，無法長久保持。金玉堆滿廳堂，沒有人能守住；富貴變得驕傲，是在自取災禍。大功告成就退下，才合乎「天道」。

弈後語

凡事起頭難，但要停止可能更難。前者需有本事，後者需有見識，特別是在做得愈來愈得心應手、意氣風發時，要說停就停、完全放下，不只要勇於割捨，更需要大智慧。在這一局，老子告訴我們，不管是要積累財富、追求成就或表現自我，都應該適可而止。它們就好像往水缸裡倒水，滿溢出來了還不知停止，那不僅浪費，還會弄得滿地髒濕。的確，一個人若鋒芒太露，不僅無法持久，還容易招致嫉恨；擁有愈多的財富，不僅用不到，還會愈擔心被偷。與其到了頂點翻轉過來，帶來禍害，不如急流勇退，明哲保身。

歷史上不乏可做為佐證的實例。就不宜太露鋒芒來說，東漢末年的楊修就是一個很好的例子：他學識淵博、才華過人，但卻喜歡炫耀才華，譬如在看了曹娥碑背面所題的「黃絹幼婦，外孫齏臼」八個字，馬上告訴曹操他已知道謎底，而曹操卻走了三十里路才想出答案（絕妙好辭）。表面上，曹操稱讚楊修的聰明，但心裡顯然酸溜溜的。還有一次，曹操在花園門上寫個「活」字，楊修說那是嫌門太「闊」，被窺知心意的曹操竟因此而「心甚忌之」。最後，在漢中之役中，楊修見曹操以「雞肋」為夜間口令，便叫隨行軍士收拾行裝，而且鐵口直斷曹操已無心再戰；曹操知道後，勃然大怒，立即以惑亂軍心之罪，將他斬首示眾。

雖然有人認為，曹操會殺楊修，跟他捲入曹操的立嗣之爭有關（楊修支持曹植），但即便如此，他的恃才傲物、鋒芒太露，而引起曹操的嫉恨，恐怕也起了推波助瀾的作用。

春秋時代的范蠡，則是功成身退的極佳範例。身為勾踐的謀士，當勾踐被夫差打敗後，范蠡勸他放低身段，忍辱負重，還陪他到吳國為奴三年；回到越國後，即與文種擬定興越滅吳的九大計畫。但在運籌帷幄，幫助勾踐滅掉吳國，成就霸業，被封為上將軍後，他卻選擇急流勇退，帶著西施泛舟江湖，改名換姓，展開另一種人生，後來經商致富，還被譽為「中國財神」。

當范蠡要離開時，曾提醒文種「飛鳥盡，良弓藏；狡兔死，走狗烹」，說勾踐是個只可共患難而不能同富貴的人，勸文種跟他一樣功成身退，但戀棧權位的文種不聽。結果沒多久，文種竟被勾踐編個理由賜死。

史跡斑斑可考，很多事情的確都該「適可而止」。但什麼叫「適」？何時為「可」？有時候很難拿捏。功成身退的時間點雖然較明確，卻是最難放下的。至於露鋒芒，其實是種兩難：你太炫耀自己的才華，固然容易招來嫉恨；但如果不露兩手，人家又怎麼會注意到你？老子說的「揣而銳之，不可長保」，如果能另作時間上的解釋，也就是在必要的關鍵時刻露個兩下，讓人眼睛為之一亮，但不可一再地鋒芒畢露，惹人厭煩，這樣也許會較周延、也較有說服力。

最後，想對老子翻個盤。老子在結尾時說這種「功成身退」是「天之道」，雖然他沒有說是什麼「天道」，但從《文子》一書所提「老子曰：『天道極即反，盈即損，日月是也。』」可知，他應該是從「日中則移，月滿則虧」這種「物極必反」的自然現象演繹出我們做人做事要「適可而止」、「功成身退」的人間哲理。但現在我們知道，所謂「日中則移，月滿則虧」，其實只是我們感官上的錯覺，哪裡是什麼「天道」？老子的比附「天道」，也許是想增加他論點的說服力，並滿足他「天人合一」的想望，但我還是覺得「物極必反」、「功成身退」本身就是硬道理，根本不必去攀龍附鳳。研究「天道」的愛因斯坦說：「我從來沒有在我的科學研究中，獲得任何的倫理觀念。」在這方面，他就比老子「節制」得多。「天道自天道，人道自人道」，兩者實不必做太多牽扯，硬拉關係就容易淪為穿鑿附會、弄巧成拙；在這方面，同樣需要「適可而止」。

第十局●○是謂玄德：完善自我的六項修煉

載營魄抱一，能無離乎？專氣致柔，能如嬰兒乎？滌除玄覽，能無疵乎？愛國治民，能無為乎？天門開闔，能為雌乎？明白四達，能無知乎？生之蓄之，生而不有，為而不恃，長而不宰，是謂玄德。

能讓精神和形體合一，不分離嗎？能讓呼吸柔和平順，像嬰兒一樣嗎？能滌除雜念、深入觀照，沒有瑕疵嗎？能愛護人民與治理國家，出於自然無為嗎？能讓感官在接觸外物時，安靜受納嗎？能明白通達各種事理，而不用心機嗎？聖人生長萬物，育養萬物；生長萬物而不據為己有，興作萬物而不自恃其能，養成萬物而不加以控制。這就是深奧的德啊！

弈後語

如何透過個人的修為而讓自己的生命或性靈達到理想的境界，一直讓很多人心嚮往之。老子在這一局提出的六個項目，不僅成為後來道家在修煉上努力的目標，跟禪宗的修行也頗多吻合之處，這顯示它們具有文化上的特殊涵義。下面就是我對它們所做的一些引申：

第一，「載營魄抱一，能無離乎？」表面上，形體（營）和精神（魄）似乎是一體的，其實不然，我們經常魂不守舍，身體雖然在這裡，但心思早已溜到九霄雲外去了；明明在做這件事，想的卻是別的事，也就是心不在焉，結果意識渙散，做事事倍功半。道家「凝神內斂」的工夫，還有瑞巖禪師每天的「三喚主人公」，都是要將走失的心思拉回來，讓它和形體再度合而為一，這樣才能專心一志，覺得自在而踏實。

第二，「專氣致柔，能如嬰兒乎？」我們的呼吸常會不自覺地隨著情緒的起伏而急促或舒緩，反過來，呼吸的急促舒緩也會影響我們的心神。「專氣」就是對呼吸的注意與調節，也就是「調息」，讓呼吸變得柔和平順。在道家或禪宗的打坐中，「調息」都是重要的功課，目的就是想藉呼吸的柔和平順，讓心境恢復如嬰兒般的清靜安寧、無思無慮。

第三，「滌除玄覽，能無疵乎？」心念紛飛，如塵埃般漫天飛舞，是讓我們心神不寧的最主要原因，「滌除」就是要清除心中的塵埃（雜念），恢復心靈的清澄（無疵），那要怎麼做呢？神秀禪師的「時時勤拂拭，不使惹塵埃」是漸修工夫，慧能禪師的「本來無一物，何處惹塵埃」則是頓悟；漸修與頓悟需雙管齊下，只有在心靈空明時，我們才能做深入的觀照（玄覽），對自己和這個塵世有透徹的見解。

第四，「愛國治民，能無為乎？」這點已在前面出現過多次，老子認為不管是待人接物或處理大小事務，都要順乎自然，「無為」不是無所作為，而是不刻意造作。

第五，「天門開闔，能為雌乎？」天門意指我們的各種感官，開闔表示它們對外在刺激的接收與反應。「雌」則代表女性安靜受納的特質，老子於此再次強調母系文化的價值，但安靜受納並非消極被動，而是要像一面明鏡，對外界刺激能不排斥、不扭曲地如實接納，更有如《菜根譚》所說：「風來疏竹，風過而竹不留聲；雁過寒潭，雁去而潭不留影。故君子事來而心始現，事去而心隨空。」它其實是一個相當理想的境界。

第六，「明白四達，能無知乎？」要做個明白事理、四通八達的人，這樣當然不能沒有知識，所以，這裡的「無知」指的是沒有心機、沒有狡詐的伎倆。

綜而觀之，在這六種修煉裡，老子用了四個「無」字，它們最大的交集是「放空」——去除自己的意念、私欲、心機、做作。由此也可知，修煉的目的並非為了自己——像某些人想要的長生，而是為了別人——在生養萬物（包括自己的子女、學生、公司等）時，讓他們自在成長，不會認為那是自己的功勞，想據為己有或加以操控。這才是真正深奧的德行。

第十一局●○無以爲用：轉移人生思考的重心

三十輻，共一轂，當其無，有車之用。埏埴以為器，當其無，有器之用。鑿戶牖以為室，當其無，有室之用。故有之以為利，無之以為用。

三十根輻條匯集到一個車軸中，有了車軸中空的地方，才有車的作用。揉合陶土製成器皿，有了陶土中空的地方，才有器皿的作用。開鑿門窗建造房屋，有了四壁中空的地方，才有房屋的作用。所以，「有」給人便利，而發揮作用的則是「無」。

弈後語

老子不只是個偉大的哲學家，還是個善於思考的思考學家。在這一局，他用車子、陶器、房子三個大家熟悉的實例，告訴我們如何思考一個被大家所忽略的真理或哲理：在具體生活或抽象思維裡，一般人關注的都是有形的東西，認為就是這些「有」在發揮作用；但實際上，真正在發揮作用的卻是那無形的空間，也就是「無」。

在此之前，老子就提醒我們，「有」與「無」是相互依存的，因為有牆壁、門窗的存在與支撐，才能產生室內的空間，供我們居住、活動，發揮「無」的作用，這也是老子所說的「有之以為利，無之以為用」。但因為我們習慣上都把思考焦點放在「有」上，譬如強調房子牆壁、門窗的材質、規格等，老子則要我們轉而將重心放在「無」上，這可以說是前面已經提過的「反向思考」，其實也是一種「轉移式思考」。

但不管說它是「反向思考」或「轉移式思考」，都屬於現代心理學所說能為我們帶來新思維、新契機的創意思考。在人類歷史上，不乏具體的實例：譬如天花曾是肆虐人類的一種可怕傳染病，在對抗天花的戰役裡，過去的醫師都把焦點放在「有」——也就是出現症狀的病人身上，從這個「有」去研究要如何來治療天花，但效果一直不彰。而英國的勤納醫師則是轉移焦點，將思考重心放到「無」——也就是沒有出現症狀的健康人身上，特別是擠牛奶的女工，因為她們幾乎都不會得天花；結果勤納從中發明了種牛痘這種預防接種法，不僅防範於未然，徹底解決天花對人類的威脅，而且開啟了免疫學這個嶄新的醫學領域，拓展人類的知識領域，並改變了人類的命運。

在人生的諸多問題上，這種「轉移式思考」更能為我們帶來不少啟發。現代社會重視物質享受，大家都希望能擁有更多的東西，譬如成為有車階級，「有」車當然能帶來很多方便和好處，但如果你只看到「有」，那麼「無」車的你必然會因此而感到落寞。其實，「無」車也有不少好處，譬如在市內，搭捷運通常會比開車更快抵達目的地，不用到處找車位，更不必擔心車子遭偷竊；到外地旅遊時搭乘大型巴士或火車，不僅能好整以暇地欣賞沿途風光，而且視野高闊，還可看到開小車看不到的景色……，只要多多轉移思考的焦點，人生就可以變得海闊天空。

另外，我們也應該經常提醒自己，不管是對人或對事，「看不見」的部分往往比「看得見」的來得重要。我們不能被一個人的容貌、穿著、口條、舉止等這些「看得見」的東西所迷惑，而要考量他的人格、品德、心術、價值觀等「看不見」的部分；正因為「看不見」，所以更需要仔細觀察、耐心琢磨，那才是他真正的價值所在。做事情也一樣，不能只考慮「看得見」的得失，長遠來看，「看不見」的得失通常更具關鍵作用。

一個人思想的深淺高下，也許需要長時間的歷練；但要從事創意思考，則可以馬上開始。你只要隨時用老子的話提醒自己，在面對問題時，將思考重心從「有」轉移到「無」上頭，而且將「無」轉變為「有」，那你就可以看到不一樣的風景，為你帶來不一樣的人生。

第十二局 ●○ 滿足之道：莫受感官刺激的麻痺

五色令人目盲；五音令人耳聾；五味令人口爽；馳騁畋獵，令人心發狂；難得之貨，令人行妨。是以聖人為腹不為目，故去彼取此。

繽紛的色彩讓人眼花撩亂；多重的音調使人聽覺失靈；豐富的滋味讓人口味敗壞；縱情於狩獵使人心意狂蕩；珍奇的財寶讓人行為不軌。所以聖人但求溫飽而不追逐聲色之娛，遠離物欲的誘惑，選擇內在的滿足。

弈後語

五色原指紅、黃、藍、白、黑五種顏色，五音意指宮、商、角、徵、羽五種聲音，五味指的則是酸、甜、苦、辣、鹹五種味道，在這裡，老子以它們來代表各式各樣的感官刺激。很多人認為，感官刺激就像其他經驗一樣，愈豐富會讓感官變得愈敏銳，我們也能得到愈深刻的享受。但老子卻告訴我們，愈豐富的感官刺激只會讓人眼花撩亂、聽覺失靈、口味敗壞，也就是愈來愈糟。到底誰說的才對呢？

從當代生理學與心理學對感官刺激的研究來看，多數人都錯了，對的反而是老子，他再度顯示他的智慧。心理學裡有一個貝勃定律（也是一種「道」）：當人在經歷強烈的刺激後，再給予小刺激，作用就會變得微不足道，也就是說，第一次的大刺激能緩解第二次的小刺激，讓人變得無感。這也正是俗語所說的「觀於滄海者難為水」，如果你想要得到比上一次刺激更愉快的感受，那麼通常就需要比上次更大的刺激，譬如更美的風景、更爽口的食物；但如此一來就很可能造成惡性循環，因為在水漲船高之後，你會對愈來愈多的東西無感，而陷入感覺麻木、荒涼的境地。最常見的例子是飲食：如果你喜歡吃川菜這類重口味的料理，那你的口味就會愈來愈重，而對像江浙菜這種清淡的料理就會愈來愈沒興趣，因為「吃不出味道」，最後只能繼續吃川菜，而且愈吃愈麻辣。

從生理學來看，感官刺激之所以會讓我們感到愉快，主要是因為大腦的獎賞機制受刺激活化，分泌多巴胺，產生過癮、滿足的主觀感覺。如果獎賞機制經常受到活化，就會對它產生依賴，而渴望重新獲得那種欣快的感覺，這也是我們會一再想追尋感官享樂、甚至某些人會對酒精、藥物成癮的原因。但即使沒有成癮，也會因前述的貝勃定律而產生惡性循環。美國洛杉磯有一位花心男士，經常更換性伴侶，腦中多巴胺的洶湧澎湃讓他興奮狂喜，於是一再去尋找新的性伴侶，前後共三百多位，這樣的經驗也許讓很多人羨慕，但他卻說他發現他對每一位新歡失去性趣的時間愈來愈快，每一次的愛欲或戀情都變得愈來愈膚淺，愈無法讓他有滿足感。這樣的結局似乎也值得渴望多多益善者警惕。

人人都希望自己的欲望能獲得滿足，但什麼叫「滿足」？每個人的標準顯然不一樣，你愈追求，標準就會愈來愈高，結果反而愈來愈不容易獲得滿足。心理學家曾作過一個「玫瑰實驗」：在情人節來到之前兩個月，先挑選兩對成長背景、年齡、交往過程都非常接近的男女，然後要其中一個男孩子每個週末都送給他的戀人一束玫瑰花，而另一個男孩子只在情人節那天送給戀人一束玫瑰花。結果，已經收到好幾次玫瑰花的前組女孩，在情人節那天反應平淡，而只在情人節那天收到花的後組女孩卻欣喜若狂。這表示，較不頻繁的刺激，反而能讓人產生較多的滿足感，覺得較幸福。

這也是老子勸人但求溫飽而不追逐聲色之娛（為腹不為目）的用意，「但求溫飽」看似消極，其實是降低標準，一旦能有比溫飽更好的刺激降臨，那你就會感到非常愉快、無比滿足，也會更加珍惜它們。

第十三局●○寵辱休驚：閒看庭前花開花落

寵辱若驚，貴大患若身。何謂寵辱若驚？寵為下，得之若驚，失之若驚，是謂寵辱若驚。何謂貴大患若身？吾所以有大患者，為吾有身，及吾無身，吾有何患？故貴以身為天下，若可寄天下；愛以身為天下，若可託天下。

很多人在得寵和受辱時都感到驚惶失措，把榮辱視為大禍患，看得跟生命一樣貴重。什麼是「寵辱若驚」？得寵本來是卑下的，得到時感到格外驚喜，失去時又十分驚慌，這就叫「寵辱若驚」。什麼叫「貴大患若身」？我所以會有大禍患的憂慮，是因為我有生命要保全；如果連生命都沒了，那還有什麼禍患值得憂慮呢？所以說，以貴重生命的態度去經營天下，才可以將天下寄望於他；以愛惜生命的態度去經營天下，才可以把天下託付給他。

弈後語

「寵辱不驚」是大家熟悉的一句成語，意思是對外來的榮寵和侮辱都不在乎、不為所動，就像《菜根譚》所說：「寵辱不驚，閒看庭前花開花落；去留無意，漫隨天外雲卷雲舒。」它是一種很灑脫的境界。老子說的「寵辱若驚」，指的則是一般人的反應，大家其實都非常看重榮寵與侮辱，甚至認為比自己的生命還重要，就像儒家所說的「士可殺不可辱」。

但老子提醒我們，不管是榮寵或侮辱，都來自他人，所謂「趙孟之所貴，趙孟能賤之」，今天榮寵你的人，他日也能翻轉過來侮辱你，所以老子認為即使是得到榮寵也不足取，甚至是卑下的，但一般人在得寵時驚喜萬分，在受辱時又驚慌莫名，這其實非常可笑、也很可悲。大家為什麼會對它們憂心如焚呢？因為我們有自己的生命，有生命所重視的功名利祿、毀譽得失。但如果你連生命都沒有了，那還憂慮這些做什麼呢？

老子因此而提出「貴生」的觀念。「貴生」並不是要你苟且偷生、貪生怕死、為了活命不惜一切代價；而是要貴重與愛惜生命，了解什麼才是存在的根本，寵辱、毀譽、得失等都是身外之物，如果為了它們而折損、犧牲自己的生命，那將是嚴重的本末倒置、捨本逐末。老子也因此而導出他的結論：以貴重生命的態度去經營天下，才可以將天下寄望於他；以愛惜生命的態度去經營天下，才可以把天下託付給他。

所以看似兜了一個圈子，老子基本上還是要大家「寵辱不驚」，只有不在意他人加在你身上的寵辱、毀譽，你才能保有自主性，自在安詳。下面就是一個很好的例子：一九五七年，北京大學校長、著名的經濟學家馬寅初提出《新人口理論》，認為快速的人口增長將不利於中國的未來發展，而建議政府控制生育率。他的說法被指為懷疑社會主義的優越性與蔑視人民大眾，而在隨後三年內，受到嚴厲的批判，一九六〇年還被革去北京大學校長一職。當他兒子將這個不幸的消息告訴他時，馬寅初只漫不經心地「噢」了一聲，好像跟他沒什麼關係，此後他即賦閒在家。在毛澤東去世及四人幫垮台後的一九七九年，中共中央向馬寅初做出了道歉，承認事實證明了他的理論，恢復他的名譽，並聘他為北京大學名譽校長。當兒子高興地將這個好消息告訴他時，他也只是輕輕地「噢」了一聲，好像跟他沒什麼關係。

這就是「寵辱不驚」。不管什麼事情落到自己身上來，都自自然然地「噢」一聲，不必多言，也不必放在心上。它讓我想起南宋辛棄疾的一首《臨江仙》：「鍾鼎山林都是夢，人間寵辱休驚。只消閒處過平生。酒杯秋吸露，詩句夜裁冰。記取小窗風雨夜，對床燈火多情。問誰千里伴君行。晚山眉樣翠，秋水鏡般明。」這樣的人，才是瀟灑與豁達的人，也是可以寄望與託付的人。

第十四局 ●○ 掌握道紀：尋找規律，改善生活

視之不見，名曰夷；聽之不聞，名曰希；摶之不得，名曰微。此三者不可致詰，故混而為一。其上不皦，其下不昧。繩繩不可名，復歸於無物。是謂無狀之狀，無物之象，是謂惚恍。迎之不見其首，隨之不見其後。執古之道，以御今之有。能知古始，是謂道紀。

看它卻看不見，叫做「夷」；聽它卻聽不到，叫做「希」；摸它卻摸不著，叫做「微」。這三者的形象難究其竟，它們混為一體。在它的上面既不顯得光亮，下面也不顯得陰暗。它綿延不絕，不可名狀，一切運動都又回歸到無物狀態。這是沒有形狀的形狀，沒有物體的形象，就叫它做「恍惚」。迎面看不見它的前頭，追蹤也看不見它的尾跡。掌握這早已存在的「道」，可以用來駕馭當前的一切。能夠了解宇宙的原始，就叫做「道紀」（道的規律）。

在這一局，老子又轉而談「道」，而且愈來愈玄。「其上不皦，其下不昧。繩繩不可名，復歸於無物」，到底是什麼意思呢？即使翻成白話，還是讓人不明所以。但也許就是這樣的言簡意賅與曖昧模糊，而給我們很大的想像空間。

一些想像力豐富的人說，「繩繩」兩字讓他們想到當代結合量子力學和廣義相對論的「弦理論」，這個理論認為宇宙中所有的微觀粒子如電子、質子及夸克等，都是由一段段的「能量弦線」所組成，當然，這些「能量弦線」都是看不見、聽不到、摸不著的，恍恍惚惚、似有若無，如神龍般不見首尾的。另有些人則說，「繩繩」讓他們想到所有生命的基因密碼——DNA的「雙螺旋結構」。

但如果因此而認為老子是「弦理論」的先驅或預言了DNA的「雙螺旋結構」，那就扯得太遠了。就像量子物理學家紐曼所說：「所謂物質真相也許只是人類想像力的一種虛構。」一切的真實都來自人類的想像。三千年前的老子對宇宙萬物的「想像」跟當代科學家若有什麼隱約神似之處，其實沒什麼好大驚小怪的。但儘管如此，我們還是要對老子的想像力與思辨能力深表佩服，他為他的生命哲學提供了一個能夠呼應當代科學的人文框架，這是當年那些諸子百家所望塵莫及的。

不管怎麼說，老子提醒我們，人類的視覺、聽覺、觸覺所能感知的範圍都相當有限，而我們的生命更是有限，但在無限大與無限小的空間和時間裡，有一個我們看不見、聽不到、摸不著、無形無象、無頭無尾的「道」，它是宇宙萬物的起源，也是宇宙萬物運作的法則。雖然「道」難以描述、理解與掌握，但只要我們細心觀察、敏銳思考，還是可以發現它在宇宙萬象中所顯露出來的蛛絲馬跡；蒐集、比對這些蛛絲馬跡，就能從中歸納、演繹出「道」的一些律則，也就是「道紀」。「道紀」是歷久而彌新的，如果能掌握早已存在的「道」，就可以用來駕馭當前的生活，也就是「執古之道，以禦今之有」。

很多人以為，老子的思想消極無為，但從他對「道紀」的說法可以看出，他其實也有積極有為的一面，因為在「天道」的層面，他希望我們能從宇宙萬象中歸納出物理、化學、生物學的各種律則，然後利用這些律則來解決現有的問題、改善人類的生活；在「人道」的層面，他也期待大家能從古聖先賢（包括他自己）的著作裡析離出可以做為我們立身處世的指引；他甚至還想在「天道」與「人道」間搭建互通有無的橋梁。當然，這種比較積極的觀念和做法，在《道德經》裡也是比較少見的。

第十五局 ●○ 微妙玄通：樣貌豐繁兼又動靜得宜

古之善為道者，微妙玄通，深不可識。夫唯不可識，故強為之容：豫兮若冬涉川；猶兮若畏四鄰；儼兮其若客；渙兮若冰之將釋；敦兮其若樸；曠兮其若谷；混兮其若濁；澹兮其若海；飄兮若無止。孰能濁以靜之徐清？孰能安以動之徐生？保此道者，不欲盈。夫唯不盈，故能蔽而新成。

古時候善於行「道」的人，其微妙玄通，真是深不可識。由於深不可識，只能勉強形容他：小心謹慎啊！就好像冬天涉水過河；警覺戒備啊！就好像提防四鄰的窺伺；恭敬鄭重啊！就好像赴宴作客；自在隨意啊！就好像冰雪在解凍；純樸實在啊！就好像未經雕琢的素材；開闊豁達啊！就好像深山的幽谷；混同一切啊！就好像混濁的河水；清靜安適啊！就好像湛深的大海；輕盈飄逸啊！就好像沒有止境。誰能使混濁安靜下來，慢慢沉澱澄清？誰能使安靜變動起來，慢慢恢復生機？能持守這種「道」的人，不會自滿。正因為不自滿，所以能不斷去舊更新。

弈後語

老子（指的是《道德經》的主要作者與編者李耳）到底是怎樣的一個人呢？歷史的記載非常模糊，本局的描述也許可以給我們一些啟示。

我覺得他很可能就像本局所說善於行道者般「微妙玄通，深不可識」，我們只能勉強用具體的情境來捕捉，呈顯善於行道者（或者說老子本人）可能具備的特質。它們還非常多樣，計有謹慎、警覺、鄭重、自在、樸實、豁達、包容、安寧、飄逸等九項。

即使只是管窺蠡測，但光看這九種特質，就顯示善於行道者的人格樣貌不僅豐繁，甚至還有些矛盾，譬如我們很難找到一個人能像本局所描述的是「既謹慎又豁達」、「既鄭重又自在」。其實，老子之所以會用具體的情境來界定，正表示他認為一個善於行道者會在不同的情境中表現出不同的特質。換句話說，他們擅長調整自我以符合社會情境的要求，富有彈性、知所變通、能扮演好人生劇場裡的各種角色。

有人也許會說，這不是有點像「機會主義者」嗎？其實，善於行道者應該更像自然界的變色龍。因為「道」沒有固定的形象，而是在自然界的不同時間和空間裡顯現不同的面貌，善於行道者也一樣，他們沒有僵化的人格，而會在不同的情境中表露不同的特質，在冬天涉水過河時謹慎小心，赴宴作客時則要恭敬鄭重，這些都是恰當而合乎自然的。他們在做人處世上所表現出來的多樣面貌並非投機、更非缺乏原則，反而是秉持順應自然之道的原則，所呈現該有的反應。

接下來的「動」與「靜」更是如此。「動」與「靜」原是相反、對立的兩種特質或力量，但善於行道者卻能兼容並蓄，能「動」又能「靜」，當然也是要隨時機與情境而有不同的表現——當局面變得動盪不安時，就要能夠安靜下來，沉澱混濁，回復澄清；但在長期停滯、死氣沉沉時，又能夠變動起來，激浪揚波，重現生機。

這種能「動」又能「靜」，還有在不同情境中顯現不同樣貌的特性，其實也就是老子在第八局（章）歌頌過的水的本質。所以，要想擁有像老子一樣的理想人格或成為得道之士，就要向水學習，維持謙下、不自滿，永遠保留迴旋的空間，這樣才不會僵化，而能不斷地除舊布新。

第十六局 ●○ 歸根復命：讓一切回復原本的狀態

致虛極，守靜篤。萬物並作，吾以觀復。夫物芸芸，各復歸其根。歸根曰靜，靜曰復命。復命曰常，知常曰明。

不知常，妄作凶。知常容，容乃公，公乃全，全乃天，天乃道，道乃久，沒身不殆。

看要把空明的工夫做到極致，守靜的修為做得徹底。這樣才能從萬物的蓬勃發展中，看出往復循環的規律。萬物紛紜百態，但最後都各自返回它們的本根。返回本根叫做「靜」，「靜」叫做「復命」（回復本來狀態），「復命」叫做「常」，了解「常」叫做「明」。

不了解「常」而任意妄為，就會帶來凶險。了解「常」才能包容一切，包容一切才能大公無私，大公無私才能普遍周全，普遍周全才能合乎自然，合乎自然才能與「道」同行。與「道」同行才能長長久久，終身免於危險。

前一局，老子說得道之士要動靜皆宜，但在這一局，則強調「靜」比「動」來得重要、也更為根本。他建議我們在行動之前，要先做好「虛靜」的工夫——除去個人的私欲與成見，以客觀清明的心態去觀察、思考、發現隱藏在萬物興作、紛紜百態背後的規律。在這裡，老子提出他用這種方法發現的一個規律：「復命」——所有的生命都在生生死死中返回本根、往復循環著。它是宇宙的「常道」，了解這個「常道」，才稱得上「明智」。

如果不了解這個「常道」，或雖然了解卻故意違逆它，那必然會帶來禍害。美國二十世紀初年的「獵狼行動」就是一個很好的實例：

當時美國洛磯山脈的凱巴伯森林中有四千頭可愛的野鹿，但另有一群凶殘的狼在威脅野鹿的生存。為了順應保護野鹿的民意，羅斯福總統在一九〇六年下令展開「獵狼行動」，到了一九三〇年，累計共獵殺了六千多隻狼，凱巴伯森林裡再也看不見一隻狼，行動可說相當成功。但想不到在沒有天敵的情況下，野鹿大量繁殖，不久就暴增到十萬餘頭。牠們吃光野草，毀壞林木，森林中的綠色植被一天天減少，大地露出的枯黃也一天天擴大。龐大的鹿群因此陷入饑餓和疾病的困境，到了一九四二年，凱巴伯森林裡的野鹿又只剩下八千頭，而且以病弱者居多。

萬物的生死循環，自有一個「常道」，就像我們在第五局提到的加拿大雪兔與山貓的消長。洛磯山脈的野狼撲殺野鹿看似殘忍，其實有利於維持凱巴伯森林的生態平衡，而且被狼吃掉的通常是病弱的鹿，這也有利於鹿群整體的生存。不明就裡的人類憑著個人的私欲與成見（喜歡鹿而討厭狼），去干擾、破壞自然的「常道」，結果就帶來意想不到的惡果。

用老子的話來說，只有深刻了解自然的「常道」，我們才能包容被多數人討厭的野狼（知常容），公平對待野鹿和野狼（容乃公），找到普遍周全的辦法（公乃全）。當然，最好的辦法是「無為」，也就是不干預自然。但既然已經「為」（獵狼行動）了，那只好「復命」——回復本來狀態。於是美國政府在一九七〇年代又制訂「引狼入室」計畫，想讓凱巴伯森林恢復原先的生態，但卻遭到某些人士的反對，直到一九九五年才付諸實現——從加拿大運來一批野狼，放生到洛磯山中，讓野狼去淘汰病弱的野鹿；慢慢的，凱巴伯森林才又恢復蓬勃的生機。這正是老子所說的「全乃天，天乃道，道乃久」，只有經過周全的考慮，行事符合自然的「常道」，才能長長久久、生生不息。

對老子來說，這正是所謂的「一動不如一靜」，對很多事情，特別是跟自然界相關的行動，我們都應該有此認識。但人也不可能什麼都不動，而是要如何去拿捏，美國黃石公園對森林火災的處理方式提供了我們一個很好的省思：

黃石公園有八五％的面積都是森林，森林火災時有所聞，以前是「有火必救」，但現在則是只要火災的原因並非人為（也就是自然因素如雷擊、過度乾燥、泥炭自燃等造成），而且不會危及人的生命和財產，那公園管理處通常就「一動不如一靜」，讓野火愛怎麼燒就怎麼燒，因為他們認為這是一種「自然迴圈」，是維持生態體系平衡重要的一環，你橫加干涉，反而是在破壞自然生態。當然，也不能完全無為、袖手旁觀，當天然火災會危及人的生命和財產時，還是必須有所行動。這才是兼顧「天道」與「人道」的更妥善做法。

「歸根復命」是老子思想的一個重點，自然界很多事物的確是周而復始、往復循環著，但卻也不是單純的靜態循環。我們說讓一切回歸原本的狀態，絕不只是在原地兜圈子而已；關於這點，留待第四十局再做進一步的討論。

第十七局●○自然如此：對四種領導模式的省思

太上，不知有之；其次，親而譽之；其次，畏之；其次，侮之。信不足焉，有不信焉。悠兮其貴言。功成事遂，百姓皆謂：「我自然。」

最好的統治者，人民不知道有他的存在；次一等的，人民會親近、讚美他。再次一等的，人民會畏懼他；最糟糕的，則讓人民輕蔑、羞辱他。統治者的誠信不足，人民自然不相信他。最好的統治者悠哉遊哉，不輕易發號施令。事情辦成功了，老百姓都說：「我們本來就是這樣的。」

弈後語

在這一局，老子談到他對政治的看法。雖然說的是古代，但對現代國家與社會裡的領導和管理，還是可以給我們不少啟迪。

老子把統治者分為四個等級：最好、最高明的統治者是他主張的「無為而治」，讓老百姓隨著自然的節奏去生養作息，盡量不去打擾他們，這樣的統治者就好像空氣，人人都需要，但卻不會讓人感覺他的存在。次一等的統治者類似儒家的「德治」，統治者用他良好的德性來領導，體恤老百姓，處處表現關愛；老百姓不只知道他，而且還會親近他、讚美他。再次一等的統治者則類似法家的「法治」，用嚴刑峻法來維持社會或團體秩序，監督與控制老百姓，他們表面上服從，但內心卻是害怕與不滿。最糟糕的統治者則是本身能力不足，兼又眼光短淺、心胸狹隘，根本沒資格當領導，只會受到老百姓的輕蔑和羞辱。

天地無言，萬物自化。「無為而治」是希望統治者能效法自然，但也並非什麼都不說都不做，而是要「貴言」——少發號施令且慎重其事，力求制度與政令簡單可行，說到一定做到，維持領導的誠信，讓老百姓信任，更不會感覺受到干擾。而最高的境界則是在功成事遂後，老百姓認為這是自然而然的事，並不覺得這是你的功勞，甚至不覺得你有在做事。

在中國正史裡，比較接近這個政治理想的是西漢初年的「文景之治」，它也被稱為「黃老之治」。早年幫劉邦打天下的張良、蕭何，與「蕭規曹隨」而開啟「文景之治」的曹參等人都深受老子的影響，但他們通常被稱為「道家」，除了以黃帝、老子的思想掛帥外，也吸收了其他各家的觀點，就像司馬談在〈論六家要旨〉一文裡所說：「其為術也，因陰陽之大順，采儒、墨之善，撮名、法之要」，當社會日趨複雜、政務日漸繁多後，不可能再寄望垂衣拱手的「無為之治」，而是要把握它的基本精神，要理法兼顧，更要簡化政令、分層負責，這也是張良、蕭何、陳平、曹參等人的做法。

時至今日，我們當然更不可能有老子理想中的「無為而治」了，倒是經常看到他認為最糟糕的統治者：一些自以為「大有為」的國家領導人不斷提出各種新夢想、新做法，但卻說到做不到，不只徒增紛擾，最後連最基本的誠信都失去，成了被人民輕蔑與唾棄的第四類統治者。

經營一間公司、甚至管理一個家，就像經營和管理一個國家，老子說的這四種領導方式對公司和家庭的經營同樣具有啟發作用：一個好的領導者除了要建立良好的制度、自己以身作則外，還要讓員工與家人發揮所長，不要對他們胡亂指導、隨便干涉；更理想的是不要以「偉大的舵手」自居，不要讓他們感覺到你的「重要」，雖然自己默默盡了不少力，但在事情辦成後，卻讓員工和家人都覺得那是他們努力的成果。能這樣，那你就是老子所嘉許的得道的老闆與家長了！

第十八局●○ 忠孝仁義：讓人感到悲哀的美德

大道廢，有仁義；智慧出，有大偽；六親不和，有孝慈；國家昏亂，有忠臣。

大道廢棄了，才會提倡仁義；智巧出現了，才產生偽詐；家人失和了，才顯出孝慈；國家昏亂了，才看到忠臣。

弈後語

在華人社會裡，仁義、智慧、孝子、忠臣等等，都是大家給予高度肯定的價值或人物，而在本局，老子卻公然地貶損它們。乍看之下，這似乎是他又在唱反調，想翻大家的盤；但其實是他再度利用他所擅長的辯證法，讓我們能更深入地去看清人世的種種。

如果社會上的每個人都有仁有義，就好像呼吸空氣一樣自然，那根本就不用呼籲大家要記得呼吸，當然也無需提倡仁義。所以，一個社會之所以需要提倡仁義，通常表示社會上的多數人都欠缺仁義；喊得愈大聲、說得愈漂亮，就表示這個社會愈不仁不義，那個讓大家能發揮良知良能的大道已經不見了，也就是「大道廢，有仁義」。

同樣的道理，如果社會上絕大多數的家庭都幸福美滿、親子關係和樂溫馨，那也用不著強調「父慈子孝」。一個值得注意的現象是很多令人感佩的孝子都來自不幸的家庭，譬如在中國二十四孝裡名列榜首的舜，因為母親早死，父親瞽叟續弦，繼母生了一個弟弟象，繼母和象一直排擠他，多次想害死他，而父親瞽叟竟也相信他們的讒言，對舜不假辭色，跟著落井下石。雖然飽受委屈和迫害，但舜一直對父親恭順，對弟弟慈愛，後來他的孝行感動了天帝，派大象來替他耕田；而堯在知道他的孝行後，也將兩個女兒許配給舜，並將帝位禪讓給他。舜在當了天子後，還恭敬去看望父親，並封象為諸侯。舜的確很孝順，但如果不是「六親不和」，又怎麼能「彰顯」出他的孝順呢？

孝子如此，忠臣更是如此。在太平盛世，漂亮話人人會說，但因為沒有什麼大考驗，根本看不出誰是忠臣，也不需要什麼忠臣。所謂「時窮節乃見」、「板蕩識忠臣」，中國歷史上有名的忠臣，像岳飛、文天祥、史可法等，都是出現在政治昏暗、國家崩潰、改朝換代的亂世裡，而他們的高風亮節之所以可歌可泣，乃因為大多數的臣子在面臨考驗時都成了軟腳蝦或紛紛變節，忠臣的出現反映的其實是時代的悲哀。

就是基於這樣的認識，而使得老子對仁義、孝慈、忠臣等的評價都不高，因為它們都是大道衰微時才會出現的東西。更有甚者，老子還提醒我們「智慧出，有大偽」：在純樸的年代，人類憑著良知良能，像孩童般自然表現出美好的行為，根本不知道那就叫做「仁義」或「孝慈」。等到大家有了一些知見後，就會為了私欲而開始做出不仁不義的事，當它們愈來愈普遍時，就有人開始提倡仁義，希望將社會導入正軌，這也是儒家的做法。但隨著人類智巧與機心的日趨發達，很多人發現以虛偽的方式來迎合社會的期待最符合自己的利益，於是開始「假仁假義」起來，說一套做一套，而且愈來愈誇張與細膩，不僅讓人難辨真偽，「虛偽」的甚至比「真實」的還來得感人。

對習慣於將仁、義、忠、孝視為高貴美德的人來說，老子提供了我們另一種觀察的角度與另類思考。也許我們不必像他這樣貶損傳統的價值觀，但如果能因他的翻盤而跳出舊有的框框，用辯證的方法重新去思考、去觀察，那不只對這些美德、有德之士、還有更多其他問題，都能有柳暗花明、豁然開朗、意想不到的收穫。

第十九局 ●○ 見素抱樸：揚棄冠冕堂皇的假話？

絕聖棄智，民利百倍；絕仁棄義，民復孝慈；絕巧棄利，盜賊無有。此三者以為文，不足。故令有所屬：見素抱樸，少思寡欲。絕學無憂。

拋棄聖明與智巧，人民可以得到百倍的好處；沒有仁義的說教，人民可以恢復孝慈的天性；去除機巧與貨利，盜賊就不會出現。聖智、仁義、巧利這三者全是矯飾，不足以治理天下。所以要讓人民有所依歸，就要表現真純、保持樸實，減少私心、降低欲望。拋棄矯揉造作的學問，就不會陷入困境。

弈後語

在前一局，老子只說仁義忠孝並沒有大家認為的那樣美好與高貴；這一局則更激進，直接勸大家要絕聖棄智、絕仁棄義、絕巧棄利，認為只有斷絕、拋棄這些受世俗肯定的東西，才能恢復社會的淳和安樂。眾所周知，聖、智、仁、義都是儒家所標榜與追尋的目標，老子這樣說等於在告訴大家，他對後來成為主流思想的儒家相當不以為然。老子為什麼對儒家這麼反感呢？這裡面其實隱藏了一段祕辛：

前面說過，歷史上的「老子」不只一人，司馬遷就認為可能有三個，分別是與孔子同時的老萊子、春秋末期的太史儋、戰國時代的李耳，但不只難以確定，彼此之間還有不少矛盾；《道德經》的作者更不只一人，而且還有很多版本；我看我們心裡有個底就好，不必在這上頭多費筆墨。《史記》裡提到孔子問禮於老子，這個「老子」沒有直接回答孔子的問題，反而對他說：「吾聞之，良賈深藏若虛，君子盛德，容貌若愚。去子之驕氣與多欲，態色與淫志，是皆無益於子之身。吾所以告子，若是而已。」他勸孔子不要太熱中於仕途，不要炫耀才華、趾高氣揚、自以為是，要懂得虛懷若谷、深藏不露……，這樣的觀點倒是很符合老子的生命哲學。「老子」和孔子雖然不太對盤，但孔子會千里迢迢地去問禮，顯然也表示當時的這個「老子」並不反對禮；連禮都不反對，仁義當然就更不用說了。

那麼「老子」對聖、智、仁、義的惡感是怎麼產生的呢？答案很可能就在《道德經》的版本裡。目前通行的《道德經》為「帛書本」（也是本書根據的版本），它出現於戰國中晚期；一九九三年湖北荊門郭店出土了更早的竹簡本《道德經》，據信為春秋末期的版本，但本章的

「絕聖棄智、絕仁棄義」，在竹簡本裡卻是「絕智棄辯、絕偽棄慮」（絕巧棄利則不變）。專家因此認為，老子原先所反對與主張棄絕的只是智謀（智）、狡辯（辯）、虛偽（偽）、心機（慮）、巧黠（巧）與私利（利），但隨著儒家的興起，從春秋到戰國中晚期，聖、仁、義等被說得愈來愈振振有辭，而人心卻日趨敗壞虛偽，老子或其門徒因而與時俱進，在新的版本裡將它們改為「絕聖棄智、絕仁棄義」，直接點明聖、仁、義跟智、巧、利一樣，都是虛偽的矯飾，想靠它們來治理天下只會愈弄愈糟，正本清源之道就是徹底揚棄儒家那一套說詞，依循老子的主張，讓人心復歸於淳樸的天性，少思寡欲，這樣生活自然較容易得到滿足，天下也較能跟著太平無事。

我想，老子及其門徒要絕要棄的並非仁義，而是對仁義的標榜。天性淳樸的人自自然然會表現出仁義的行為，甚至不知道那就叫「仁義」；重要的是做而不是說，所以為了社會安寧與人心清靜，就不要再提「聖、智、仁、義」這些字眼，甚至連想都不要再想。「孔曰成仁、孟曰取義」講了兩千多年，冠冕堂皇得讓人無法反對，但試問有幾個人真正「殺身成仁、捨生取義」？它們不過是漂亮的假話、廢話，但不少人卻是靠鼓吹、歌頌這些漂亮話以博取個人的名聲和利益，結果讓社會人心更加虛偽敗壞。這不是說仁義不好，或社會上沒有真正的仁義之士，而是說為了培養一個「真仁真義」的人，卻製造出一萬個「假仁假義」的偽君子，那不如就不要再鼓吹這些東西。

老子及其門徒之所以會如此重砲轟擊「聖、智、仁、義」，主要是因為標榜這些德性的儒家是他們在政治上的頭號競爭者。在第十七局，老子認為他主張的「無為而治」（也就是本局所說的「見素抱樸」）是最高級的領導模式，儒家的「德治」是次一等的，他們的批評儒家乃是意料中事，而且聽起來似乎也頗為合理。但衡諸現實，老子在這方面顯然是挫敗了，因為兩千多年來的主政者，絕大多數還是選擇跟儒家站在一起，標榜仁義、提倡仁義。為什麼呢？我想除了儒家的主張與說詞較冠冕堂皇外，所謂「人不學，不知義」，有些良好行為並非像老子要我們相信的都是本乎天性、出於自然，它們是需要教導與薰陶、甚至鼓吹的，在這方面，大家比較認同儒家。但更重要的是，不管要領導一個國家或團體，甚至想要完善自我，多數人還是需要有可以激勵人心、讓人奮發向上的理想與目標（雖然不見得能實現）。老子的哲學好是好，但卻缺乏這方面的「動能」。

第二十局 ●○ 與衆不同：因爲我糊塗、我比較笨

唯之與阿，相去幾何？美之與惡，相去若何？人之所畏，不可不畏。荒兮其未央哉！

眾人熙熙，如享太牢，如春登臺。我獨泊兮其未兆，如嬰兒之未孩。儽儽兮若無所歸。眾人皆有餘，而我獨若遺。我愚人之心也哉！沌沌兮。俗人昭昭，我獨昏昏。俗人察察，我獨悶悶。眾人皆有以，而我獨頑且鄙。我獨異於人，而貴食母。

恭維與斥責，相差有多遠？美麗與醜陋，區別又在哪裡？大家所害怕的，我們也不能不跟著害怕。荒唐啊！蒙昧的狀態還要持續多久？

眾人興高采烈，好像參加盛大的宴席，又仿如春天登臺眺望美景。唯獨我淡泊而無動於衷，像是還不知嬉笑的嬰兒；疲憊得如同無家可歸的遊子。眾人都綽綽有餘，唯獨我好像遺失了什麼。我真是愚人的心腸啊！看起來混混沌沌的。世人個個光彩奪目，唯獨我迷迷糊糊；世人個個精明靈巧，唯獨我昏沉不清。眾人好像都很有作為，唯獨我愚笨又淺陋。我所要的與別人都

不同，我把回歸「道」（萬物母體）的生活，看得高於一切！

弈後語

老子是個與眾不同的人。在本局，他做了一番自我表白，但卻表白得非常巧妙。首先，老子指出他活在一個人云亦云的世界裡，看似美醜、是非、貴賤分明，其實都是相對的價值觀在作祟，但世人卻自以為是、沾沾自喜，他充分認識到這種社會的蒙昧與荒唐性。

然後他告訴我們，他跟別人有什麼不同：世人個個興高采烈、綽綽有餘、光彩奪目、精明靈巧、大有作為；但他卻疲憊不堪、若有所失、迷迷糊糊、昏沉不清、愚笨淺陋。聽起來好像是「眾人皆醒我獨醉，舉世皆清我獨濁」，自己比別人不爭氣、不像樣，跟我們所認知的「與眾不同」大相逕庭。

當一個人說他「與眾不同」時，指的通常是他有比世人高明、高尚或值得稱道的優點，也就是想抬高自己；但老子簡直就是在貶低自己。這樣的與眾不同可能有兩個原因：一是他一向認為卑下乃是道的一種表現，他的與眾不同就在於他是得道之士，所以他自求卑下且安於卑下。一是他再度使用他擅長的反向思維，自承卑下恰恰在彰顯自己比世人高明，也藉此反諷世人所追求或自鳴得意的那些東西，其實都離「道」甚遠，對他一點也沒有吸引力。

當今的社會，有愈來愈多人想「與眾不同」，但原因可能非常多樣。有人「與眾不同」是想藉標新立異來引起別人的注意，「與眾不同」只是他為了達到某種目的的手段，所以對別人異樣的眼光不僅不在意，反而是非常歡迎，還會對此洋洋得意。在此只能奉勸大家不要落入這種人的圈套中，更不要當這種人。

真正的「與眾不同」則是來自個人內在的價值觀。譬如一個博士辭去高薪的工作，回鄉下種田，這樣的表現跟同儕大不相同，難免會讓當事者感到孤獨，而且還需面對眾人的側目、質疑、讚美或嘲諷，做這種選擇需要對自己的價值觀有堅定的信念，有相當程度的孤芳自賞，要能「橫眉冷對千夫指」或「千夫捧」，不管讚美或鄙夷都不為所動，都能保持微笑，繼續走自己的路。

但如果能像老子這樣，徹底覺悟自己所置身的社會是蒙昧而荒唐的，不想再做個人云亦云的人，而聽從自己生命的鼓聲（價值觀），做自己想做、該做的事，譬如辭去高薪工作，回鄉下種田，但卻又能不孤芳自賞，說什麼這樣做是「想追求更自在、更有意義的人生」，而是淡淡一笑，說這是因為「我糊塗」、「我比較笨」，那就更自在、也更有意義。

第二一局 ●○ 恍恍惚惚：既唯物又唯心的宇宙詩學

孔德之容，惟道是從。道之為物，惟恍惟惚。惚兮恍兮，其中有象；恍兮惚兮，其中有物。窈兮冥兮，其中有精；其精甚真，其中有信。自今及古，其名不去，以閱眾甫。吾何以知眾甫之狀哉？以此。

大德的表現，完全跟隨著「道」。「道」做為存在物，是恍恍惚惚的。惚惚恍恍啊，其中卻有形象；恍恍惚惚啊，其中卻有物質。在它的深遠幽暗之中，含有精細的東西；這精細的東西非常真實，是能可靠驗證的。從現在上溯到古代，它的名字從不消失，根據它可以觀察萬物的根源。我怎麼曉得萬物的根源呢？就是從這個「道」而來。

弈後語

在這一局，我們再度領教老子對「道」的精妙解說。他除了告訴我們宇宙與人世的大德（玄德）是「道」的外顯外，又對「道」做了另一番描述，而這些恍恍惚惚的描述，同樣讓人想起當今探討宇宙與萬物根源的量子論。

理論物理學家說，在宇宙與萬物幽暗的深處，存在著神祕的粒子——夸克，它們時隱時現、若有若無、恍恍惚惚、難以捉摸，做為宇宙萬物的根源，它們精細得讓人看不見、摸不著，但我們卻可以用實驗證明它們的存在。另有人說，「物質、能量與信息」是構成宇宙萬物的三大元素，老子說的「其中有物」指的是「物質」，「其中有精（精氣）」指的是「能量」，而「其中有信」指的就是「信息」。

老子真正想說的是什麼呢？如果你問他，那你可能只會在恍恍惚惚中聽到陣陣惚惚恍恍的鼾聲。雖然老子在最後說，他是從「道」、從觀察而曉得萬物的根源，但他並沒有告訴我們他觀察的具體對象、方法、步驟，而又如何去驗證他的觀察所得，因此他的結論在本質上是唯心的，也就是經由思考與想像對宇宙萬物所作的詩意描述。而他的宇宙詩學之所以會和當代理論物理學有頗多神似之處，主要是因為理論物理學家所說的夸克、奇點、黑洞、虛時間等等，在開始時也都是詩意的想像，只是他們必須去證明這些想像是真的。

不過老子倒是提醒我們一件事：雖然他在前面說「道」是「無狀之狀，無物之象」，但本局卻說「道之為物」，似乎有點矛盾，但我認為其實一點也不會，因為「道」可以是「無」，也可以是「有」；可以是「無物」，也可以是「物」；但不管是「無物」或「物」，都各有其特徵與法則，也就是「道紀」。對這兩種狀態下的「道紀」，我們都要充分掌握，兼容並蓄；就好像光可以是粒子，也可以是波，各有其特性與法則，我們有時候就要把它當成粒子，有時候就要把它看作波。

有人在爭論老子到底是唯心主義者或唯物主義者，我覺得這種爭論沒有什麼意義，而且可能是不了解老子。因為老子就跟他所說的道一樣，可以是唯心的，也可以是唯物的，他不會拘泥於一格。有些問題從唯心的角度去看比較恰當，有些則是唯物的觀點較為踏實，但更多問題則是既要有唯心的看法、又要有唯物的觀點，我們才能有更完整的理解，並提出更圓滿的解決方案。

對於人生的看法，不正是也該如此嗎？你可以從唯心的角度說，生命是由無數感人的故事所組成，充滿了悲歡離合；也可以很唯物地說，生命是由無數精密的細胞所組成，有著複雜的新陳代謝。這兩種觀點都各有所長，也各有所短，但都是必須的。對它們兼容並蓄，才是頭腦清楚、心靈豐饒的人應有的態度。

第二二局 ●○ 絕非冤枉：從曲折中看到自然之美

曲則全，枉則直，窪則盈，敝則新，少則得，多則惑。是以聖人抱一為天下式。不自見，故明；不自是，故彰；不自伐，故有功；不自矜，故長。

夫唯不爭，故天下莫能與之爭。古之所謂曲則全者，豈虛言哉！誠全而歸之。

委屈才能保全，彎曲才能伸直；低窪才能充滿，敝舊才能更新；少取反而獲得，貪多反而迷惑。所以，聖人持守這個自然之道，做為天下事物的準則。不自以為能看見，反而看得分明；不自以為是，反能彰顯真相；不自我誇耀，反能有功勞；不自以為大，所以能領導。

正因為不與人爭，所以誰都爭不過他。古人所說的「委屈可以保全」，豈是空話？它是確實可以達到的。

多數人都希望自己的人生是一條平坦的康莊大道，過的是充實、飽滿、新奇而又多樣的生活。在這裡，老子再度運用反向思考，把眼光轉到它們的對立面，不只給予肯定，而且認為那才是更符合自然的大道。

譬如多數人都喜歡平順，認為彎曲（屈與枉）是不好的，還由此衍生出委屈、冤枉等語彙。但事實上，彎曲才是自然的：不只所有動植物的形體都是彎彎曲曲的，曲折更是所有生物前進的方式，也是河流流動的方式，連所有邁向巔峰的道路也都是曲折的。自然界根本沒有直線這種東西，人世間也沒有人能朝目標筆直邁進的。能有這種認識，那麼在人生的旅途上繞了一些路，就不是冤枉，反而挺自然的，甚至還能從中品味出「山窮水盡疑無路，柳暗花明又一村」的美感。而所謂「大丈夫能屈能伸」，一個人只有耐得住一時的委屈或屈就，才能在日後獲得伸展機會時，大鳴大放。

「窪則盈，敝則新」也是同樣的道理，不要為眼前的低下和破舊而傷神，因為低下才有充盈的空間，破舊才有更新的機會，而且在更迭的過程裡還會讓人有愈來愈好的滿足感。如果已經飽滿、擁有的都是最新的，那麼在無以為繼的情況下，你要擔心的恐怕是好景不常，人生開始走下坡了。

「少則得，多則惑」讓人想起古希臘的一句諺語：「狐狸有很多伎倆，刺蝟只有一招。」很多人羨慕狐狸的詭計多端，其實就生存優勢來說，只會一招的刺蝟絕不亞於狐狸，與其多而無用，不如少而有效。做生意也一樣，很多人希望賣的東西愈多愈好，但世界知名的大企業通常只賣一種東西，譬如福特只賣汽車，可口可樂只賣可口可樂；好好經營少數的一兩樣東西，將它做到最好，不僅讓人印象鮮明，而且能得到更多。在選擇方面亦復如是，不管是買巧克力或找結婚對象，很多人以為可供選擇的項目愈多，我們才能做出愈好、愈滿意的選擇，但實驗顯示，當選項超過某個數目（通常是三到六個）後，不只會讓人覺得無所適從，而且在做出選擇後更容易感到後悔（因為他原本可以做更多其他的選擇），這正是老子所說的「多則惑」。

一個人能了解並把握這個自然之道，就不會汲汲營營於想要更高、更多、更好、更新、更平順、更聰明、更圓滿，或自以為自己有多高、多好、多聰明、多圓滿，因為不這樣想，結果「反而」能成就自己的高、好、聰明與圓滿，這是典型的老子辯證法：想要有所「得」，不是拚命去要，而是要放下得失之心，有捨才能有所得；只有不自以為是、自以為聰明、自以為了不起的人，才是真正聰明、讓人覺得了不起的人。簡單講，就是一個人必須先將眼光和心思從自己身上「挪開」，才能看得更寬闊、想得更明白、做得更周延，而使自己受益，也讓別人更刮目相看。

最後，因為你不和別人競爭，所以天下就沒有人爭得過你，這聽起來好像有點阿Q，但它並非什麼都無所謂，而是說不要有爭強好勝之心。在一些競爭的場合裡，自己心中沒有輸贏、沒有競爭的對手、甚至沒有看熱鬧的觀眾，彷佛只有你一個人在場，在那裡自在而愉快地表現自己，心中一片安詳寧靜。這樣，誰爭得過你？

第二三局 ●○ 飄風驟雨：對狂暴與激情的省思

希言自然。故飄風不終朝，驟雨不終日。孰為此者？天地。天地尚不能久，而況於人乎？故從事於道者，同於道；德者，同於德；失者，同於失。同於道者，道亦樂得之；同於德者，德亦樂得之；同於失者，失亦樂得之。信不足焉，有不信焉。

少說話，才合乎自然的本性。所以狂風颳不了一早上，暴雨下不了一整天。誰使它們這樣呢？是天地。連天地的狂暴都不能長久，何況人呢？所以，求「道」的人，就要與「道」同行；修「德」的人，就要認同於「德」；失「道」失「德」的人，行為也就會失常。認同「道」的人，「道」也會樂於接納他；認同「德」的人，「德」也會樂於幫助他；失「道」失「德」的人，失敗也會樂於跟隨他。統治者的誠信不足，人民自然不會相信他。

對領導者，特別是過去的統治者，老子在這一局想告訴他們的是：大自然很少說話，領導者也應該少發號施令；狂風暴雨為時短暫，橫徵暴斂、窮兵黷武的苛政無法持久，而嚴懲重罰、雷厲風行的管理方式也難以為繼。種什麼「因」就會得什麼「果」，領導者應該效法「天道」，溫和寬厚、誠信修德，這樣才能萬眾歸心，長治久安。

對一般人，特別是對現代人來說，老子想告訴我們的則是：任何狂熱激烈的東西都無法持久，做人做事要安穩平順、細水長流。所謂「種瓜得瓜、種豆得豆」，你細水長流地做，自然就能得到良性的回饋，有安穩平順的結果。你待人處事宛如狂風暴雨，那從自然的角度來看，就是「失道失德」，失敗自然也會跟著你。

這樣的事例似乎也俯拾皆是，譬如秦王朝靠暴虐的手段統一天下，繼續用暴虐的方式維繫政權，但沒多久，無法忍受的百姓就紛紛揭竿而起，原本不可一世的帝國瞬間崩解，成為中國歷史上最短命的王朝。不管是領導者或一般人，大家的確都應該引以為戒。但對「飄風驟雨」（或狂風暴雨），我們還是應該做另一番思考：

首先，「飄風驟雨」並非都是短暫的。在地球誕生之初，還有先民的「大洪水」神話都顯示，狂暴的雷雨曾經延續好幾十年甚至好幾百年，而「聖嬰現象」更告訴我們，極端氣候很可能成為一種常態。其次，狂風暴雨也並非都是負面、破壞性的，它們其實也是清洗自然、讓自然獲得再生的力量，有正面與建設性的作用。

對人來說，「飄風驟雨」除了意指狂暴、衝動的舉止外，也可以象徵「熱情」（狂烈的激情）。偏好「柔靜」的老子不喜歡「狂暴」，大概也無法欣賞「熱情」。當然，大部分的「熱情」都為時短暫，甚至像俗語所說只有「三分鐘熱度」，在漫長的歲月裡，我們需要的是能生生不息、綿延不絕的安穩平順的力量。不過，我們還是有必要強調，人生的很多夢想都要靠「狂烈的激情」來點燃，而它也不是只能有三分鐘熱度，牛頓就說他之所以比別人有更好的表現，就是因為「我對一件事情能有很長時間的熱情與興趣去考慮」。

即使「狂烈的激情」難以為繼，但每隔一段時間就能有「熱情」來鼓舞你的生命，再現高潮，不是比一路平靜無波要來得好嗎？其實，我覺得這才是真正在呼應自然之道，因為在自然界，當安靜沉悶的時間過得太久時，就會出現「飄風驟雨」，雖然短暫，但卻能為天地增添生氣。

第二四局 ●○ 企者不立：切忌好高騖遠與急功近利

企者不立；跨者不行；自見者不明；自是者不彰；自伐者無功；自矜者不長。其在道也，曰：餘食贅形。物或惡之，故有道者不處。

踮起腳跟想要站得高，反而站不牢；邁開大步想要走得快，反而不能遠行；自以為能看見的，反而看不明白；自以為對的，反而遮蔽真相；自我誇耀的，反而沒有功勞；自以為了不起的，反而不能領導。從「道」的觀點來看，這些東西都像是剩飯贅瘤，只會讓人厭惡，所以有道的人不會這樣做。

弈後語

「企者」讓人想起芭蕾舞者，他們也是踮起腳跟跳舞，好讓自己的身體看起來更修長、動作更優雅，但這種被世俗視為美好的東西，在老子眼中，卻成了「贅形」。這似乎有點煞風景，我想老子不喜歡，主要是因為它並非我們身體的自然動作，即使優美，也只是短暫的，無法持久；經常這樣做，很可能對身體造成傷害。「跨者」也是如此，邁開大步走，短時間也許可以超前，但長遠來看，卻會因無以為繼而得不償失，因為它同樣違反自然。

稍微違反一下自然似乎沒有什麼，但你做一，別人就會做二，在競相加碼後，就會愈來愈扭曲、誇大，而終至不可收拾，古代婦女為了讓自己更婀娜多姿而風行的纏足，還有上世紀大陸為了超英趕美而展開的大躍進，看似風馬牛不相及，但一個「削足適履」，一個「揠苗助長」，都是在違逆自然；說什麼「不怕做不到，就怕想不到」，到最後都是「小腳一雙，眼淚一缸」，違逆自然的結果不僅是事與願違，而且還必須為此付出慘痛的代價。老子很早就提出警告，可惜言者諄諄，聽者藐藐。

引申來說，一個人之所以成為「企者」，是因為好高騖遠；想成為「跨者」，是因為急功近利。在競爭日趨激烈的社會裡，如果你希望自己在某些方面能比別人更高、更快、更強或者更美，那你可能要反省一下自己是否已成為老子所說的「企者」與「跨者」？

跟「爭高爭前」相媲美的是「自炫自耀」，與人「爭高爭前」的目的通常就是為了「自炫自耀」。老子提醒我們，當一個人認為自己比別人高明後，那麼在自以為是、自我膨脹、自我標榜之下，他就再也看不見事情的真相，聽不進別人的意見，陶醉在自我催眠的幻象裡，自以為英明睿智、無可匹敵，其實是盲人騎瞎馬、危險無比。五胡十六國時期的苻堅（前秦）就是一個很好的例子：在統一中國北方後，他不顧宰相王猛的臨終遺言，準備揮師南下攻打東晉，雖然很多文官武將從各個角度分析情勢，認為太過冒險，但自以為是的苻堅卻說：「天道幽遠，未易可知，以吾之眾，投鞭於江，足斷其流，又何險之足恃乎？」最後連兄弟、寵妃、兒子、高僧也出面勸阻，但苻堅不聽就是不聽，親率百萬大軍南下，結果在淝水之戰中慘敗，整個帝國隨之分崩離析，苻堅自己也喪命於羌族姚萇之手。

大家都說苻堅「剛愎自用，自食惡果」，但他早年卻是一個頗能察納雅言的有為之君，對王猛更是虛心受教、言聽計從，否則也不可能成就霸業。那為什麼後來卻變了個樣呢？讓他改變的不是別人，正是他自己！在眾人扶持而成就大業後，他自我膨脹，變得自以為是，把別人的意見都看成垃圾，一意孤行的結果，不僅容易失敗，而且必然導致眾叛親離。

一個剛愎自用的人通常不會認為自己剛愎自用，特別是在自己小有成就而想要有更大的圖謀時。如果你發現很多人都在反對你，而且那些意見聽起來都很「可笑」，那你就要提醒自己：你的急功近利、自我膨脹是否扭曲了自己、更扭曲了別人？

第二五局 ●○ 天人之際：回歸自然，聽任自然

有物混成，先天地生。寂兮寥兮，獨立而不改，周行而不殆，可以為天地母。吾不知其名，強字之曰「道」，強為之名曰「大」。「大」曰「逝」，「逝」曰「遠」，「遠」曰「反」。

故道大，天大，地大，人亦大。域中有四大，而人居其一焉。人法地，地法天，天法道，道法自然。

有一個東西渾然而成，在天地形成之前就已經存在。它寂靜無聲，空虛無形，不依靠任何外力而獨立長存，循環運行而永不衰竭，可以做為天地萬物的母體。我不知道它的名字，勉強叫它做「道」，再勉強起個名字叫「大」。它廣大無邊而運行不息，運行不息而伸展遙遠，伸展遙遠又返回原點。

所以說，道大，天大，地大，人也大。宇宙中有四大，人是其中之一。人師法地，地師法天，天師法道，道則純任自然。

弈後語

老子在本局對「道」的形容，特別是「獨立而不改，周行而不殆」讓人想到的是日夜的交替、四季的循環，它們周而復始，永不止息，而且不會隨著人的意志或想望而改變，這顯然就是老子所說「道」的一個面向。但它們其實只是「道」所外顯的表象，現在大家知道，我們所感覺到的日夜交替、四季循環，乃是因為地球繞著太陽運行所造成的；而地球繞著太陽運行遵循的則是天體運動定律，這個天體運動定律才是「道」的本質（之一）。

宇宙萬象看似繽紛複雜，但都受到物理、化學、生物學律則的支配，像天體運動定律、熱力學第二定律、孟德爾遺傳定律等等。所有的自然律則不僅「寂兮寥兮」，無聲無形，更是「先天地生」，獨立存在於萬物之先之外，萬物是根據這些律則去滋生、繁衍、互動的（萬物的母體），即使有一天萬物都灰飛煙滅了，它們依然能「獨立存在」。我們現在將物理、化學、生物學等稱為「自然」學科，多少是受到老子的影響。當然，自然律則並不等同於「道」，而只是某個層次的「道」。那什麼叫「大曰逝，逝曰遠，遠曰反」呢？簡單說就是「道」至大無形，無遠弗屆，從遠到天邊、近在眼前的萬事萬物，都受它的支配、靠它來運轉。就像愛因斯坦所說（見第一局）：「所有的事物……都是由一種我們無法控制的力量所決定。上至星辰下至昆蟲，它的影響力無遠弗屆。不論是人類、蔬菜還是宇宙塵——我們都是隨著一種神祕的音樂起舞。」

重要的是，身為域中四大之一的人，我們要如何來安身立命？在道、天、地、人四大中，人是最微小、層次最低的，雖然老子說「人法地，地法天，天法道」，層次分明，但我覺得地、天、道三者都是我們應該師法的對象。由上而下來看，「道法自然」——「道」是純任自然、本來就如此的，我們為人處世也應該聽從自然本性，還我本來面目，不刻意做作。「天法道」——白晝黑夜、陰晴風雨、春夏秋冬，都是按照自然律則在更迭、循環，我們立身行事也應該要有一些必須依循的準則。「地法天」——大地萬物的生長與發育要能適應春夏秋冬等天時的變化，我們的生活也應該要能靈活適應外在環境的變化。「人法地」——大地有高山、大海、沙漠、沼澤，各依其特性來養育不同的生物，人也應該依個人不同的稟賦去加以調教、發揮他們的專長。

「人道」、「地道」與「天道」都是「道」，它們師法的對象其實都是「自然」。理想的人生就是要回歸自然的法則，聽任自然，享受自然。

第二六局●○穩重寧靜：航行於茫茫人海中的壓艙物

重為輕根，靜為躁君。是以君子終日行不離輜重。雖有榮觀，燕處超然。奈何萬乘之主，而以身輕天下？輕則失根，躁則失君。

「重」是「輕」的根本，「靜」是「動」的主宰。所以君子每天出行時都不離開載物的車輛。雖然有榮華的生活，卻能安然處之。為什麼擁有萬乘的大國君主，會以輕率來治理天下呢？輕率就會失去根本，躁動就會失去主宰。

弈後語

在大海中航行的船舶，需要靠壓艙物來維持它的穩定性。在茫茫人海中航行的我們，為了維持生活的穩定性，也需要有壓艙物——心靈的穩重與寧靜。

老子從自然界觀察到輕的東西浮在上頭，重的東西沉在下面，「重」是「輕」的根本與基礎；而所有流動的東西，最後都會歸於靜止，「靜」成了「動」的主宰與趨力。他根據這些「天道」引申出如下的「人道」：立身行事要穩重、持重、甚至忍辱負重，不可輕浮、輕率；為人處世要淡定、鎮靜、從容不迫，不可魯莽、躁動。一般說來，「重」的通常是比較「靜」的，所以「穩重」與「寧靜」其實是一體的兩面。

「輜重」是載物的車輛，「君子終日行不離輜重」是一種比喻，表示求道君子的人生是「任重而道遠」，同時也表示他的生命有一個平穩的重心——堅定的價值觀與信念，不會因外在環境而搖擺浮動。所以即使過著榮華富貴的生活，也能超然物外、淡然處之，不會沉溺其中而迷失自我。

求道的人應該如此，擁有一萬輛車（萬乘）的國君更該如此。但老子感嘆，很多國君不僅不穩重、鎮靜，反而「以身輕天下」——比一般人更輕浮、躁動，結果讓整個國家陷入危險、混亂、甚至覆滅的境地。老子的感嘆讓人想起歷史上有名的「土木堡之變」：

明英宗時，北方瓦剌的也先率領騎兵大舉犯邊，勢如破竹，朝廷於是派兵增援抵禦，這原是兵家常事，但宦官王振卻想藉此機會一顯威風，他鼓動皇帝御駕親征。二十三歲的朱祁鎮（明英宗）一聽，立刻雄心大發，成了戰爭狂熱分子，對軍事一無所知的他，宣布將親率數十萬兵馬北伐，而且下令要在兩天內出發。文武百官為之傻眼，但也只能配合行事，在雞飛狗跳、浩浩蕩蕩出發後，朱祈鎮和王振又想當然耳、行同兒戲地一意孤行，把作戰經驗豐富的武將們的建議當成耳邊風，而王振更私心自用，想把皇帝和大軍帶到他的家鄉蔚州，好光耀門楣，結果當然是兵敗如山倒，不僅損失慘重，隨行的朝廷重臣白白犧牲，連皇帝都被俘擄，明朝的元氣也隨之大傷。

「土木堡之變」的整個過程，簡直就像一齣荒腔走板的鬧劇兼悲劇。而為什麼會如此荒唐？因為那不只是輕舉妄動而已，更是擁有權位者的輕舉妄動——誰也阻擋不了明英宗朱祈鎮和宦官王振隨心所欲的輕率與躁動，但其後果的嚴重性卻可能千百倍於尋常人，這也是為什麼老子要特別點名「萬乘之主」的原因。

人類社會跟自然界有一個明顯的差異：自然界是「重」的東西在下面，「輕」的東西在上面；但人類社會卻是「重要」的人士在上面，「輕微」的小民在下面。重要人士的輕舉妄動，自己的損失也許有限，但卻會讓下面的人倒大楣。即使到了今天，情形還是一樣，所以，不管你是在上面的大人物或在下面的升斗小民，都應該特別留意這點。而更重要的是，當你活得愈久、爬得愈高時，你就更應該有更堅定的價值觀和信念，顯得更穩重與寧靜。那不僅是你的福氣，也是大家的福氣。

第二七局 ●○ 襲明要妙：不著痕跡，無所遺漏

善行無轍跡；善言無瑕謫；善數不用籌策；善閉無關楗而不可開；善結無繩約而不可解。

是以聖人常善救人，故無棄人；常善救物，故無棄物。是謂襲明。故善人者，不善人之師；不善人者，善人之資。不貴其師，不愛其資，雖智大迷，是謂要妙。

符合於道的行為，不留蹤跡；符合於道的言辭，沒有瑕疵；符合於道的計算，不用籌策；符合於道的關閉，不用門栓，卻無人能開；符合於道的結紮，不用繩索，卻無人能解。

因此，聖人總是這樣善於救助人，讓人盡其才，沒有被廢棄的人；善於使用萬物，讓物盡其用，沒有被廢棄的物，這就叫做「襲明」（內藏的聰明）。所以善人可以做不善之人的老師，不善之人也是善人的借鑑。如果不尊重老師，不珍惜借鑑，那麼再聰明也是大迷失，這是個精要深奧的道理。

弈後語

「善行」，歷來的解讀者多作「善於行走」解——善於行走的人不會留下蹤跡；也有人作「美好的行為」解——真正的善行不會留下痕跡（故意讓人知道）。對老子來說，「善」更有「符合於道」的意思，把「善行」視為「符合於道的行為」，不僅可涵蓋前兩者，跟後面的「聖人」也才能前後連貫，因為老子的「聖人」就是立身行事都符合於道的人。

符合於「道」的行為，自然而然，就像船過水無痕般，沒有什麼人為的斧鑿痕跡（無轍跡）。說話符合於道，自然流露，沒有心機，不會去考慮有沒有瑕疵的問題（善言無瑕謫）。一般的計算要用到籌策、算盤、計算機，對人的算計更是費盡心機，但就像《紅樓夢》裡的王熙鳳，「機關算盡太聰明，反誤了卿卿性命」；待人處世只要符合於「道」，真誠以對，就是最好的方式，根本不必算計什麼。同樣的道理，任何人做的鎖都可以被打開，任何人為的繩結都可以被拆解（即使號稱無人能解的「戈登結」，也被亞歷山大大帝一刀給劈開）；只有心存善念，依正道而行，不受威逼利誘，不迷失本性，不引人注目，誰也不能左右你，這種無形的心防才是最好的「閉」與「結」。

一般人立身行事若能符合於「道」，則是「善」，也是相當高明的；而聖人則更加高明，因為他了解到自然界的萬物都各有其特色，也各有其功能，自然之道是「天生我材必有用」，它會提供機會讓人盡其才、物盡其用，不會有任何遺漏。這是順應自然而表現出來的內在聰明（襲明）。我們的確需要這種「襲明」。戰國時代的孟嘗君喜歡招納各種人做門客，幾乎是來者不拒，而有所謂的「雞鳴狗盜」之徒，看似沒啥用處，但卻也都能在關鍵時刻和場合發揮別人沒有的功能，替孟嘗君解危。

所以，被認為「棄人」與「棄物」的，通常都只是擺錯了地方，無法讓他們發揮所長而已，不是他們「沒用」，而是我們自己「沒見識」，糟蹋了他們。即使是十惡不赦的「不善人」，也可以做為我們的借鏡和警惕，就像孔子所說：「三人行必有我師焉，擇其善者而從之，其不善者而改之。」好人可以當我們學習效法的老師，壞人可以當我們改正警惕的借鑑，從「道」的角度來看，他們還可互相轉化（得道與失道）。我們固然要尊敬「善人」，但也要愛惜「不善人」，這樣才是真正的聰明，真正的妙道。

第二八局 ●○ 大制不割：三知三守三復歸

知其雄，守其雌，為天下谿。為天下谿，常德不離，復歸於嬰兒。知其白，守其黑，為天下式。為天下式，常德不忒，復歸於無極。知其榮，守其辱，為天下谷。為天下谷，常德乃足，復歸於樸。樸散則為器，聖人用之，則為官長。故大制不割。

知道什麼是雄強，卻安於雌柔的位置，這樣就可以成為天下的溪谷。能成為天下的溪谷，恆常的德性就不會離開，即可回歸到嬰兒的狀態。知道什麼是光明，卻甘守暗昧的位置，這樣就可以成為天下的表率。能成為天下的表率，恒常的德性就不會有差錯，即可回歸到無極的狀態。知道什麼是榮耀，卻安守卑辱的地位，這樣就可以成為天下的山谷。能成為天下的山谷，恆常的德性才可以充足，即可回歸到真樸的狀態。真樸的「道」分散成為萬物，聖人運用它而成為百官的首長，所以完善的政治是不會割裂的。

弈後語

在這一局，老子再度強調他的「陰性哲學」與「反式哲學」。他提出三組對立的東西：雄（雄強）與雌（雌柔）、白（光明）與黑（暗昧）、榮（榮耀）與辱（卑辱）——在中國過去的符碼系統裡，前三者屬「陽」，後三者屬「陰」；多數人都「貴陽」而「賤陰」，譬如喜歡互爭雄長卻不甘雌伏、樂於站在光明的亮處、不想受到屈辱等，但老子卻翻大家的盤，告訴我們要「反其道而行」，在知道雄強、光明與榮耀的種種好處後，我們還是要安於雌柔、暗昧與卑辱，也就是「守陰」，因為它們就像自然界的溪谷或山谷，看似低下，卻是「道」的本質，把握這個本質，就能使人不會背離常德，而且還能發揚光大，回歸嬰兒、無極、純樸的初始狀態，也就是無私無欲、無陰無陽、渾然天成、變化無限的「道」的最高境界。

對於前述三組對立的東西，老子主張「三知三守」，而不是「三個堅持三個反對」，表示他的基本態度是包容而非勢不兩立，這不僅符合「道」，更是我們觀照世界、立身處世應該有的態度。譬如在文化方面，西方文化顯然是「偏陽」，而中國文化則「偏陰」，盲目歌頌西方文化、全盤否定中國文化跟拒絕了解西方文化、死命固守中國文化都是偏頗危險的，我們應該「知其雄，守其雌」——要平心靜氣地了解西方文化的特色，然後守住自己文化的特色，「有所知，有所守」，方是正道，也才有意義。

清朝中興名臣曾國藩以平定太平天國之亂而聞名，剛開始時雖然不太順利，但在得到一些戰果後，他變得爭強好勝，鋒芒太露，結果引起朝廷猜忌、同僚排擠與掣肘，讓他處處碰壁。在因父親去世而丁憂回家守制時，他深刻檢討，詳讀《道德經》，深受啟發，在復出之後，他變得非常謙和，四處向人請益，「無人不拜，無信不回」。特別是對本有舊惡的左宗棠，他不只親自登門拜訪，還自己集了一幅對聯：「敬勝怠，義勝欲；知其雄，守其雌。」拜託左宗棠替他書寫，好當作自己的座右銘。同樣爭強好勝的左宗棠看他如此謙下，自己也覺得不好意思，而改寫另一幅對聯：「集眾思，廣忠益。寬小過，總大綱。」回贈。雖然不能說盡棄前嫌，但兩人的緊張關係也大大獲得緩和，曾國藩就是用老子所說的「知其雄，守其雌」將很多阻力化為助力，而成就了他的豐功偉業。

「樸散則為器」，各種東西、各種人才都是「道」的一部分。身為領導人就不要搞對立，而應該謙讓卑下，接納各種人才，有知有守，以包容代替分裂，這樣才能成就大事業，也就是「大制不割」。

第二九局 ●○ 天下神器：沒有渴望，就不會有失落感

將欲取天下而為之，吾見其不得已。天下神器，不可為也，不可執也。為者敗之，執者失之。是以聖人無為，故無敗；無執，故無失。

夫物或行或隨；或噓或吹；或強或羸；或載或隳。是以聖人去甚，去奢，去泰。

想用人為的強力去贏得天下，我看是達不到目的了。天下是神聖的東西，不是人為強力就能得到、就能把持的。強力人為的，必然失敗；刻意把持的，必然喪失。因此聖人不妄為，所以不會失敗；不把持，所以不會失去。

天下萬物有的前行，有的後隨；有的緩慢，有的急切；有的剛強，有的衰弱；有的安穩，有的危殆。所以聖人去除一切極端的、奢侈的、過度的措施。

老子生活在周室衰微、群雄並起的春秋戰國時代，各方諸侯無不磨拳擦掌、你爭我奪，他的這番話應該是有感而發。但證諸後來秦始皇統一天下，靠的正是武力，他的觀點就顯得站不住腳。其實，老子主張的「無為」，不管說它是「無所為而為」、「不刻意為之」或「順乎自然而為」，都還是被認為是消極的，你不想贏得天下沒關係，但無所用心、無所作為，到頭來可能只有被併吞、被消滅的份。

但靠武力奪取天下的秦帝國，沒多久就分崩離析；強力為之，雖可見效於一時，顯然也無法長久維繫。而且在人類歷史上，也沒有一個政權能永續存在，所以長遠來看，老子所說的「不可為、不可執」還是有它的道理。自然的律則是有生必有滅、有長必有消、有成必有敗、有執必有失，不管是一國之君、一個企業的領導人或一般人，只有深刻體認這種自然之道，順勢而為，不必汲汲營營，也不要有太重的得失心，才是明智的做法。

對「無為，故無敗。無執，故無失」這句，我們也可以從另一個角度來理解：譬如我有三個同學當過衛生署署長、兩個同學當過台大醫院院長，我覺得與有榮焉，但從未因此而羨慕或忌妒他們，自己也沒有任何失落感。為什麼呢？因為我從來就沒有渴望要去當什麼署長或院長，不是你渴望的東西，得到了不會高興；得不到更不會有任何失落感（無執故無失）。當然，在這方面，我也沒有任何失敗可言，因為我從來就不想在這方面有什麼作為（無為故無敗）。所以，人生不要有太多渴望、太多目標，你就較不會有挫敗感和失落感，也可以較自在和愉快。

天下萬物都各有特性，有的前行、有的後隨；在不同階段也有不同的表現，有的安穩、有的危殆；而人亦復如是，每個人都各有其秉性與時運，我們無法期待他們都有一樣的表現，更無法強力要求他們隨自己的意志來起舞。懂得自然之道的領導者，在行事方面就應該順應物理、心理與管理的律則，即使想有所作為，也應該避免走極端，過度的努力、奢侈、安逸都是不好的。從這裡我們也可以看出老子的「讓步」：真正的「無為」其實是難以做到、甚至是不可行的，他只能退而求其次，也就是希望大家在「有為」時，不要走極端。這讓人想起孔子所說的「不得中行而與之，必也狂狷乎」，不過老子的意思卻是「不得無為而與之，必也中行乎」，儒道兩家旨趣不同，但心理卻是一樣的。

第三十局●○果而勿強：當人生成為一個戰場時

以道佐人主者，不以兵強天下。其事好還。師之所處，荊棘生焉。大軍之後，必有凶年。善有果而已，不以取強。果而勿矜，果而勿伐，果而勿驕。果而不得已，果而勿強。物壯則老，是謂不道，不道早已。

用道來輔佐君王的人，不靠武力逞強於天下。用武力一定會得到報應。軍隊所到之地，便長出荊棘；大戰之後，一定會出現荒年。善於用兵者，只要能達到目的就好，不會用武力來逞強。達到目的而不自大，達到目的而不炫耀，達到目的而不驕傲。達到目的卻是出於不得已，達到目的卻不逞強。凡事壯大了之後，就會趨於衰老，這就叫做「不合乎道」。「不合乎道」的很快就會消逝。

弈後語

人生這個大舞台，有時候難免會成為一個戰場。當人生成為戰場時，你恐怕就必須就戰鬥位置，而你的為人處世、你的所作所為，就好比是在「用兵」。

老子在這一局談到了「兵」，但並非教我們如何「談笑用兵」，而是要我們先認清到底「為何而戰」。不管是在真正的戰場或人生道上，戰鬥都是很慘烈的，還會留下後遺症，正所謂「師之所處，荊棘生焉。大軍之後，必有凶年」。老子提醒我們，戰爭不過是為了想達到某種目的，如果用其他方法就可以達到目的，那何必一定要訴諸武力？這讓人想起《孫子》所言：「凡用兵之法，全國為上，破國次之……是故百戰百勝，非善之善者也；不戰而屈人之兵，善之善者也。」真正善於用兵的人，最高目的是「存全」，最佳策略是「不戰」。的確，如果不必戰爭而能達到目的，又何需戰爭？

老子認為，動用武力是最後的不得已手段，有趣的是，《孫子》也說：「故上兵伐謀，其次伐交，其次伐兵，其下攻城。攻城之法為不得已。」有人因此認為，老子是個高明的「兵家」，《道德經》是部「兵書」。唐代的王真就說：「五千之言，未嘗有一章不屬意於兵也。」其實，到了這一局，老子才第一次談到「兵」，後續再談到「兵」的也不多。當然，對滿腦子都是「兵」的人來說，到處都可發現屬意於此的蛛絲馬跡；就好像滿腦子都是「性」的人，處處可見「性的暗示」一般，但大半是自己想太多的關係。

活在春秋戰國時代，戰爭是生活的一部分，老子談到「兵」是很自然的一件事。但從他的中心思想來看，老子應該是個和平主義者，更是個反戰主義者。「師之所處，荊棘生焉。大軍之後，必有凶年」，就是他對戰爭的沉痛指控。雖然主張和平，但他應該是個「戴鋼盔」的和平主義者，不會因為反戰就放下武器；當敵人入侵時，為了保家衛國，還是必須拿起武器，以戰止戰。

戰爭是最後手段，最好用其他方法來達到目的。但老子奉勸我們，即使達到目的，也不能因此而變得自大、驕傲、炫耀。因為那是一個戰場，你達到目的、勝利了，就表示有人落空、輸了，這時見好就收、放低姿態、謙虛以對，才是持盈保泰之道。否則，一再自我膨脹、一再逞強，就會像自然界的物壯則老，加快自己盛極而衰，由衰敗而灰飛煙滅的腳步。

人生是不是個戰場，也許要看你怎麼看。但不管在什麼戰場上，都不能衝動，先認清自己「為何而戰」，以溫和的方式達到目的，不要自我膨脹和逞強，才是符合「道」的做法。

第三一局 ●○ 凶事尚右：打勝仗要像在辦喪事

夫佳兵者，不祥之器，物或惡之，故有道者不處。君子居則貴左，用兵則貴右。兵者不祥之器，非君子之器，不得已而用之，恬淡為上。勝而不美，而美之者，是樂殺人。夫樂殺人者，則不可得志於天下矣。

吉事尚左，凶事尚右。偏將軍居左，上將軍居右。言以喪禮處之。殺人之眾，以悲哀泣之，戰勝以喪禮處之。

銳利的兵器，是不祥之物，大家都厭惡，所以有道之士不使用它。君子平時以左方為貴，用兵時以右方為貴，武力是不祥之物，不是君子使用的東西，萬不得已而使用，最好也是淡然處之。戰勝了也不要當成美事，以打勝仗為美事的人，就是以殺人為樂。以殺人為樂的人，是絕不可能得志於天下的。

吉慶的事以左方為上，凶喪的事以右方為尚。在軍隊裡，偏將軍在左邊，上將軍在右邊，這就表示以凶喪來看待戰事。殺人眾多，要以哀悼的心情去看待；打了勝仗，就好像在辦喪事。

弈後語

幾年前，我與友人到新疆昭蘇縣的中哈邊境，站在格登山上，俯瞰前方哈薩克斯坦共和國的農莊，心裡有一種淡淡的歷史哀愁。我身後有一座巨大的、立於清乾隆二十五年的「平定準噶爾勒銘格登山之碑」，當高中歷史課本裡的記載在眼前成了具體的存在後，我耳中似乎響起了當年在這附近慘烈的殺伐聲，然後是血肉亂飛、屍橫遍野的景象。

戰爭是殘酷的，但勝利的一方似乎總是要大肆慶祝，除了論功行賞外，還要立碑、建凱旋門來誇耀、紀念自己的豐功偉業。眼前這個紀念碑只是小兒科，當今世上最有名、最宏偉的當推位於巴黎香榭麗舍大道戴高樂廣場中央的雄獅凱旋門，那是為了紀念一八〇五年拿破崙率領的法國軍隊在奧斯特利茨戰役中大敗俄奧聯軍而興建的，當時法國的國威達到巔峰，法國人更因此而洋洋自得。

但這些都是老子堅決反對、甚至痛心疾首的。因為戰爭會帶來無窮的禍患，有道之士在萬不得已時才會使用武力，即使打了勝仗，也應該淡然處之。如果大肆慶祝、誇耀，那就是在以殺人為樂。老子早已看穿這樣的人和國家絕對不可能得志太久，果不其然，拿破崙在建了凱旋門之後不到十年，就兵敗如山倒，最後在滑鐵盧之役後眾叛親離、慘遭流放，法國的國勢也跟著走下坡。

老子特別提到「吉事尚左，凶事尚右」這樣的禮俗，而以「上將軍在右」此一安排來推論古人應該是以辦喪事的心情來看待戰爭。這種觀點不僅很有創意，而且更具警世作用。雖然說中國古代到底是「尊左」或「尊右」莫衷一是，也有地域之別，但《左傳》有言「楚人上左」，老子既是楚人，對此顯然有更深的體會。《左傳》裡就有一則跟楚莊王相關的令人動容的記載：

有一次，楚莊王的軍隊在邲這個地方打敗強大的晉軍，獲得空前的勝利，大臣潘黨建議將陣亡晉軍的屍體堆築為「京觀」（將敵軍屍體堆在道路兩旁，蓋土夯實，形成金字塔形的土堆，相當於中國式的凱旋門），做為留給子孫的紀念物，好讓他們不忘武功。但楚莊王卻反對這樣做，他說「武」字的意思是要「止戈」——希望不再使用兵器；國家用武是為了「禁暴、戢兵、保大、定功、安民、和眾、豐財」，現在楚晉交戰，違背人民意願，兩國子弟更暴屍野外，大傷國家元氣，有什麼值得驕傲和讓子孫懷念的呢？楚莊王還提到古代聖王用罪大惡極者的屍體築為「京觀」，是在警告邪惡，而非炫耀武功。所以下令將為國盡忠的晉軍陣亡者妥善埋葬。

對楚莊王的這種說法和做法，老子想必心有戚戚焉。的確，打了勝仗，一將功成萬骨枯，我們應該要像辦喪事一般，哀衿而勿喜。而對那些把《道德經》說成是「兵書」的人，也許是要哀衿而勿怒吧？

第三二局●○道常無名：超越大小，不再爭逐名位

道常無名，樸。雖小，天下莫能臣。侯王若能守之，萬物將自賓。天地相合，以降甘露，民莫之令而自均。

始制有名，名亦既有，夫亦將知止，知止可以不殆。譬道之在天下，猶川谷之於江海。

「道」，永遠是無名而樸質的。雖然細微，天下卻沒有什麼能支配它。王侯若能持守它，萬物將會自動歸順。天地陰陽相合，就會降下甘露；不需要人們指使，它自然會均勻。

萬物開始出現，就產生了各種名稱，名稱已經制定了，就應該知道要適可而止；知道適可而止，才不會發生危險。「道」引導天下萬物歸向自己，就像江海為河川所流注一般。

弈後語

這一局有兩個重點：一是「道」的大小問題，一是「名」的問題。

老子在前面（第二五局）才剛剛講過「道」是大，這一局卻又變成了小，似乎是一種矛盾，但我想正因為如此，反而能讓人更了解，任何名稱都無法用來形容、界定「道」，也就是老子開宗明義所說的「道可道，非常道。名可名，非常名。」「道」可以是大，大到至大無外；也可以是小，小到至小無內；但大與小又都無法真確地表達「道」，因為「道」永遠是無名而樸質的，它像渾沌未鑿的原木，可以成為任何東西，但又不是任何東西。

「道」的大小，讓人想到一般常說的為人處世的大道理與小道理。其實，只要是道理，再分大小不僅毫無意義，而且容易造成誤導，譬如「不要走極端」，看起來只是個稀鬆平常的小道理，但如果它是正確的，那麼任何人都無法改變它。不管是領導者在治理國家或一般人在為人處世時，如果能遵循它，那就好像流水順著自然的方向，對國家社會的和諧、個人生命的圓融都好處多多，效果絕不遜於什麼大道理。所以，不管是「天道」或「人道」，道理就是道理，不應有大小、優劣之分。

關於「名」的問題：自然是「無名」的，「道」也是「無名」的，所有的「名」都是人為的。對「名亦既有，夫亦將知止，知止可以不殆」這一段，可以有兩種解釋：一是認為人類既然對社會上的各種人、事、物賦予各種名稱或名分，那麼大家只要根據各自的身分或角色，像依循自然律則般去做自己份內應做的事，不要越分脫軌，社會就能和樂融融，而個人也不會有危險。

聽起來好像頗有道理，但讓人想到的卻是孔子的「正名」與「君君，臣臣，父父，子子」——大家各依名分扮演好自己的角色，但這種儒家的主張有違老子的基本觀念與核心價值。

一是認為用人為的「名」來指稱各種人、事、物，既然是人類文明所不能免，那就應該愈少愈好。這個觀點才符合老子的信念，因為愈多的「名」或名位，就愈會挑起人們的爭逐欲望，當了副理就想當經理，當了經理又想當總經理，當了總經理還想當董事長，當了董事長更想當集團總裁；吃了簡餐就想再吃C餐、B餐、A餐、尊爵特餐……，在盲目而無盡的追逐中，不只耗費時間與心血，社會與個人生活的很多紛擾也都由此而生。所以，不只個人要知所節制，各類名稱、名號、頭銜、品牌等等，也都要適可而止，只有這樣才能平息眾人爭名奪位的心思，讓大家過比較合乎自然之道的生活。

這也是為什麼每當我走進一家標榜「自然」與「道」的餐廳茶館，翻開menu，看到琳瑯滿目的品名時，我就會啞然失笑的原因。

第三三局 ●○ 不失其所：從了解自己到戰勝自己

知人者智，自知者明。勝人者有力，自勝者強。知足者富。強行者有志。不失其所者久。死而不亡者壽。

能了解別人的，叫做有智慧；能認識自己的，才算明白人。能戰勝別人的，只是有力量；能戰勝自己的，才是真強。知道滿足的，才是富有。堅持力行的，就是有志氣。不失去根基的，可以長久。死了而不會消失的，才算長壽。

弈後語

在這一局，老子用寥寥數語道出了不少人間至理。

「知人者智，自知者明」，讓人想起刻在希臘德爾菲阿波羅神殿裡那句有名的「認識你自己」箴言，蘇格拉底將它視為哲學研究的核心問題，但它比了解別人、了解外在世界都要來得困難，就像德國哲學家尼采所說：「我們不明白自己，我們的永恆判詞是：『離每個人最遠的，就是他自己。』──對我們自己，我們並非『知者』。」多數人的眼光和心思大部分的時間都是在向外看，很少向內看──自我觀照；即使偶爾向內看，也很少以客觀的態度去進行自我分析和自我評價，我們對自己的性格、能力、情緒、想望、價值觀等的了解不是「一片模糊」就是「非常扭曲」。如果對自己都「不明不白」，那對別人和世界的認識即使再多，也無法和自己建立「明白而合適」的關係。一個真正的明白人應該多花時間去了解自己、檢討自己、確立自己，這樣才不會在滔滔濁世裡迷失自己。

「勝人者有力，自勝者強」，則讓人想起俄國彼得大帝的一句名言：「我征服了一個帝國，卻無法征服自己。」他即位後勵精圖治，效法西方，想將俄國改造成一個文明國度，曾頒布一條法律，禁止貴族鞭打奴隸這種野蠻行為，違者需要由政府另外指定一位家長來管理其家產。但有一天，彼得大帝在盛怒之下，把他的花匠毒打一頓，花匠竟因此病倒而死，他知道後，對自己的無法自制感到非常懊悔與自責，而說出了上面那句話。的確，要戰勝自己──特別是自己的情緒與欲望，比戰勝敵人困難得多，難怪證嚴法師會說：「我們最大的敵人不是別人，而是自己。」連柏拉圖都說：「最初與最好的勝利就是征服自己，被自己征服則是最可恥與最應該反對的。」所謂「被自己征服」就是受自己情緒與欲望的控制，缺乏自制與自主的能力。

而老子的「知足者富」，正是蘇格拉底所說的「滿足於最少的人最富有」。真正的富有不在於「擁有」很多，而在於「享受」很多，能從一點點的快樂或是不必花錢的快樂（譬如江上清風與山間明月）裡得到滿足的人最富有。

最後，一個人努力去擴張自己的生命版圖以展現自己的抱負和志氣，固然無可厚非，但老子提醒我們，不管你走得多遠、飛得多高，都不可失去自己的根基、忘了自己原先信持的理念，才能可長可久。人生雖然苦短，但如果在死後能夠留下一些功德讓人緬懷，那才是真正的長壽、甚至不朽。

老子在這一局提出的觀點，讓人覺得很「勵志」，似乎不太符合《道德經》的核心要旨。但「勵志」絕非「膚淺」，蘇格拉底、柏拉圖、尼采、富蘭克林等也都說過類似的話，最簡單的「名言」裡蘊含著最深刻的「至理」，能夠虛心採納，具體實踐，才是真正有智慧的「明白人」。

第三四局●○以道爲師：成就偉大的三不主義

大道氾兮，其可左右。萬物恃之以生而不辭，功成而不有。衣養萬物而不為主，可名於小；萬物歸焉而不為主，可名為大。以其終不自為大，故能成其大。

大道瀰漫，像河水氾濫，無所不在，周流左右。萬物依賴它生長而不推辭，成就一切而不占有，養育萬物而不自以為主，從這個角度來看，可以說它是「小」；萬物都歸附於它，而它卻不加以主宰，從這個角度來看，可以說它是「大」。因為它從不自以為大，所以能成就它的偉大。

弈後語

前民進黨主席施明德是個浪漫主義者，在政治方面，他堅持自由民主的理想，為理想而奮鬥，可歌可泣、無怨無悔；在愛情方面，則秉持「三不主義」原則，周旋於眾多異性間，多采多姿、無牽無掛。所謂「三不主義」，就是「不主動，不拒絕，不負責」，這個原則使他縱橫情場幾十年，雖然韻事不斷、豔福匪淺，但從來沒有惹禍上身，也沒有給對方增添麻煩，可以說是他獨特的「浪漫之道」。

在這一局，老子也提出「道」的「三不主義」：不推辭、不占有、不作主。首先，他說「道」是無所不在的（泛兮），我們周遭的萬物，從日月星辰、山川木石到蟲魚花鳥，包括我們人類在內，身上都有道的蹤影。接下來指出「道」的三個特性：第一，「不推辭」：萬物都依賴「道」來生長，「道」對此從不推辭，更不拒絕。第二，「不占有」：「道」成就宇宙中的一切，但對這一切卻都不會據為己有。第三，「不作主」：「道」養育萬物，但卻不以主人自居；放任萬物自行發展，不會替它們作主。施明德的「三不主義」跟老子的「三不主義」頗為類似，因為都有「順其自然」之意。

從某個角度來看，「道」的「不作主」可以說是卑微（小）的，因為它聽憑萬物自作主張，好像自己沒有什麼權力、甚至不負責任；但從另一個角度來看，這種「不作主」卻也是偉大的（大），因為萬物都依靠「道」，但「道」卻不會因此而想要主宰萬物，它尊重它們。「道」不僅可大可小，而且因為不自認為自己偉大，所以反而成就了它的偉大，這跟前面所說的「夫唯不爭，故天下莫能與之爭」一樣，都是在反映老子獨特的逆向辯證思維。

當然，老子的用意絕不只是要我們認識「道」的特性而已，更期待大家能成為得道之士與行道之人。這並非在強人所難，因為「道」無所不在，我們每個人都是「道」的載體，都可以在自己身上顯現「道」的特性——不推辭、不占有與不作主，也就是「三不主義」。

不管是當老闆或做員工、做父親或當兒子，對於自己應該做、甚至忽然加到自己身上的工作都自在承擔，不推辭、不抱怨，這種「不推辭」就是「道」的表現。雖然做了很多事、得到各種收穫，但卻不居功、不據為己有，這種「不占有」也是在表現「道」。雖然子女、員工、學生等等有很多人都依靠你而得以成長、發展，但你如果能不以主宰自居，不要他們聽命於你，而讓他們依本性去自由發展，這種「不作主」就更是「道」的表現。

在為人處事方面，能奉行這「三不主義」，就是在行道，在「人道」中顯現「天道」。這樣的人當然不會自認為偉大，而這正是他讓人覺得偉大的地方。從這個角度去理解施明德那聽起來有點吊兒郎當的「三不主義」，也許也可以給我們一些新的啟發。

第三五局 ●○ 無所不往：尋找生命中的春天

執大象，天下往。往而不害，安平太。樂與餌，過客止。道之出口，淡乎其無味，視之不足見，聽之不足聞，用之不足既。

如果能持守大道，那麼天下哪裡都可以去。而且不管去到哪裡都不會受到傷害，處處安寧、平和、康泰。音樂和美食，能使過路的人停步。但是這個「道」說起來卻平淡無味，看也看不見，聽也聽不著，不過用起來可是受益無窮。

弈後語

哲學家桑他耶納曾任教於哈佛大學，某個春日，在上課時，一隻知更雀飄然飛至，在窗邊留連不去。桑他耶納對牠瞧了好一會兒，輕輕嘆口氣，轉過身來對學生說：「各位，我和春天有個約會。」說完，他就走出教室，結束了教書生涯，去尋找他生命中的春天。

知更雀對桑他耶納的召喚，就是自然對他的召喚。外面的世界多麼廣大而迷人，大家為什麼不好好去體驗和欣賞呢？有人也許會說，他不是不想去，而是受到工作的羈絆、經濟能力的限制，根本無法成行。但這多半是自己綁自己，不久前看到如下的一則報導：一對夫妻原本忙著各自的工作，有一天，妻子忽然被診斷得了癌症，晴天霹靂，讓他們的人生被打趴在地。最後，他們重新站起來，開始與生命和彼此的另一場約會：兩人都辭去工作，由丈夫騎著摩托車載著妻子環島旅遊，走到哪、看到哪、吃到哪、睡到哪，欣賞無數的美景、邂逅各式各樣的人，實現了以前被擱置、做不到的夢想。

為什麼現在條件比較差，卻反而做到了？關鍵全在他們的一念之間，在於是否能把握老子所說的「道」。在本局，老子用了「過客」這樣的一個概念——我們每個人其實都只是因父母的邀請而來到這個塵世做短暫旅行的旅人，但我們卻經常受到「樂與餌」——不只音樂與美食、還包括名利等欲望的誘惑和羈絆，而停下腳步、身陷其中，忘了自己的「過客」身分，在浮世裡迷失掉自我。

很多宗教也喜歡用「過客」這種說法，譬如〈聖經‧彼得前書〉：「親愛的弟兄啊！你們是客旅，是寄居的。我勸你們要禁戒肉體的私欲；這私欲是與靈魂爭戰的。」把其中的「靈魂」換成「道」，就跟老子的說法差不多。但〈聖經‧希伯來書〉又說：「承認自己在世上是客旅，是寄居的。說這樣話的人是表明自己要找一個家鄉。他們若想念所離開的家鄉，還有可以回去的機會。他們卻羨慕一個更美的家鄉，就是在天上的。」基督教提醒信徒們只是這個塵世的「過客」，勸大家不可迷戀世俗短暫的歡樂，而應該拯救自己的靈魂，目的是為了「上天堂」。

但老子對死後的世界沒興趣，他要我們認清自己的「過客」身分，回歸於「道」。而「道」就在這個塵世，它雖然不像欲望那樣甘美，但卻能讓你擺脫羈絆，從現在起，想去哪裡就去哪裡（執大象，天下往）。而且因為不執著，在心態和行為方面就會顯得安靜、淡定、隨和、寬容，能夠隨遇而安，對別人沒有敵意，別人自然也就不想或不會傷害他；不管在什麼環境中，他都能融入，放空自己，和周遭的人、事、物打成一片，而又不受汙染，維持身心的安寧、平和、康泰（往而不害，安平太）。

桑他耶納和春天有個約會，其實就是和「道」有個約會。而我們每個人的心中，也都有一個這樣的桑他耶納或者老子，問題是你要不要聽從他的召喚。

第三六局 ●○ 欲擒故縱：是陰謀詭計還是處世良方？

將欲歙之，必固張之；將欲弱之，必固強之；將欲廢之，必固舉之；將欲取之，必固與之。是謂微明。柔弱勝剛強。魚不可脫於淵，國之利器不可以示人。

想要收斂它，必先擴張它。想要削弱它，必先強化它。想要廢棄它，必先抬舉它。想要奪取它，必先給予它。這就叫「微妙的明智」。柔弱勝過剛強。魚不可以離開水，國家的有力武器不可以耀示於人。

弈後語

很多人看了這一局後，都說老子是個陰謀家。

譬如《韓非子》就說：「晉獻公將欲襲虞，遺之以璧馬；知伯將襲仇由，遺之以廣車。故曰：『將欲取之，必固與之。』」一個國家想要突襲另一個國家，就先送她珍貴的禮物，讓她疏於防範，然後一舉殲滅她，這就是在運用老子的謀略。

還有，《呂氏春秋》也提到燕王想報仇雪恥，但因國力不如齊國，所以先放低身段向齊王請罪，等齊王變得驕橫無比時，再殺他個片甲不留，然後說這就是「將欲毀之，必重累之；將欲踣之，必高舉之。」要想毀壞它，必先把它重疊起來；要想摔倒它，必先把它高高舉起。這同樣是在發揮老子的觀點。

這些謀略就是本局所說的「微明」（微妙的明智），也是在闡釋老子的基本策略「柔弱勝剛強」——用柔軟示弱的做法去擊敗強大的敵人。而對接下來的「魚不可脫於淵，國之利器不可以示人」，《韓詩外傳》則用一個故事來做解釋：

司城子罕在宋國當宰相，對宋君說：「國家的安危，百姓的治亂，都看您怎麼做。爵祿賞賜的事，人人都喜歡，這些就由您來做；殺戮刑罰的事，人民很討厭，微臣願意為您承擔。」宋君聽了很高興，於是照辦，讓子罕當壞人，自己當好人。沒多久，宋國人都知道子罕擁有生殺大權，於是大臣巴結他，百姓害怕他，不到一年，子罕就驅逐宋君，自己當了國王。故事的結論就是「魚不可脫於淵，國之利器不可以示人」，統治者不可讓自己暴露在危險的環境中，國家的生殺大權不可以交給他人。

所以，大家振振有辭地說這一局從頭到尾說的都是統治者應如何利用謀略來保住政權、進而消滅敵人、擴充版圖。聽起來也是頗為合理，但這真的是老子的原意嗎？我很懷疑，因為它跟老子的核心思想「無為」存在著基本的矛盾。

其實，在爾虞我詐的春秋戰國時代，有類似看法的人應該不少，譬如《孫子》就說：「兵者，詭道也。故能而示之不能，用而示之不用，近而示之遠，遠而示之近。利而誘之，亂而取之，實而備之，強而避之，怒而撓之，卑而驕之，佚而勞之，親而離之。攻其不備，出其不意。」這些也都跟老子的觀點非常類似，但總不能說它們都是受到老子啟發，靈感得之於老子吧？

老子所說的這些「微明」，從某個角度來看，固然可說是聰明、甚至狡猾的伎倆；但從另一個角度來看，卻也是自然之「道」：譬如花兒要凋謝，一定要先盛開；又譬如烏鴉也知道要把蚌殼摔下而且摔得破，一定要先銜著它高舉到天空。而且，張與歙、強與弱、興與廢、取與與……都是不斷循環、互為因果的，從不同的點拆開，可以看到不同的關係，將老子的話顛倒過來說：「將欲張之，必固歙之；將欲強之，必固弱之；將欲興之，必固廢之；將欲與之，必固取之」也都可以成立，但老子卻選擇前一種說法，也許是在反映他的逆向辯證思維，喜歡從跟大家相反的角度來看問題，然後總結到他的核心要旨：「柔弱勝剛強。」

有人認為以柔弱去戰勝剛強就是一種謀略。但我想標榜「無為」與「虛靜」的老子，是不太可能鼓吹大家在國與國之間、人與人之間搞陰謀、耍詭計，為了保住權位、擴張勢力而無所不用其極的。老子的用意也許是在提醒大家，不要因為別人吹捧你、抬舉你、餽贈你而樂昏了頭，如果你因此而變得驕橫自大，那很可能會掉進別人的陷阱中，樂極生悲，形勢整個逆轉，墜落不幸的深淵；另一方面，也是在告訴大家要放低姿態，向別人示好示弱，其實是讓自己有更大發展空間的聰明辦法。

那「魚不可脫於淵，國之利器不可以示人」又要做何解釋？魚活在水裡才是自然，一條魚或一個領導人都不可以為了想大有作為而脫離自然、違逆自然；順應自然才是對國家最有利的方法，我們心領神會、恭默奉持即可，不必到處去張揚、炫耀。這樣不僅說得通，而且更符合老子一貫的立場。

不過話說回來，這真的就是老子的原意嗎？誰也不知道。正是橫看成嶺側成峰，誰識廬山真面目？你要怎麼看、怎麼解讀，恐怕要先問你相信的是什麼。而人生，豈非就是如此？

第三七局●○ 鎮之以樸：化解自我發展中的私欲

道常無為而無不為。侯王若能守之，萬物將自化。化而欲作，吾將鎮之以無名之樸。鎮之以無名之樸，夫亦將不欲。不欲以靜，天下將自定。

「道」總是看似無所作為，但實際上沒有一件事物不是出於它的作為。王侯若能持守它，萬物就會自行化育。萬物自行化育就會有貪欲萌生，這時我就要用「道」的原始質樸來鎮靜它。回到原始的質樸狀態，就是要讓人不起貪欲。不起貪欲而趨於安靜，天下就會自己穩定下來。

弈後語

在這一局，老子告訴我們「道」的另一個特點——「無為而無不為」。這乍看似乎有點矛盾，但在自然界，例子其實比比皆是。譬如一天有晝夜之別，一年有四季之分，但這是自然如此，並非有什麼人或神刻意安排，也就是說它是「無為」（無心之為）的。而就是這種「無為」，使得萬物的繁衍、生長與作息表現出千變萬化的型態（無不為）。這就是「道」——看似無所作為，結果沒有一件事物不是來自它的作為。

不管是過去的王侯或現代的經營者，如果能以「道」為師，用「無為」的理念來治理，不刻意妄為，讓老百姓或下屬能根據自己的條件和需求，配合環境去自我發揮和成長，也就是自己「無為」而讓下屬去「有為」，那很可能就會成就更多的事務。這的確是個不錯的辦法。

當然，事情也並非都是這樣簡單與理想。老子提醒我們，讓大家個別去自我發展，難免會產生各種私欲，私欲一多，就會讓國家、社會、公司或家庭陷入混亂，甚至危及生存。那怎麼辦呢？法家是用「法」來處罰、恫嚇營謀私利者，儒家是用「禮」來約束人的私欲，而老子則說「吾將鎮之以無名之樸」。

什麼叫做「鎮之以無名之樸」呢？在自然界，這種例子其實俯拾皆是。譬如人類為了滿足私欲而過度開發，做什麼「開山闢路」、「圍湖造田」、「截彎取直」啦，結果導致洪水氾濫、土石流等等災情，大家慢慢才知道，這原來是人類破壞了自然的「無名之樸」（初始的質樸狀態），而導致大自然的無言反撲（鎮壓、警告人類）。挽救之道是我們要盡可能地讓受創的大地恢復原貌，即使要開發，也必須尊重自然的律則。而釜底抽薪之計是盡量減少私欲，讓心靈恢復原始的平靜狀態，當大家的心都恢復平靜了，社會就會跟著穩定下來，整個自然界也回歸原始的質樸與和諧狀態。

所以，與其用「法」用「禮」來處罰、約束人的私欲，不如從更基本的減少個人私欲著手。但要如何減少私欲？所謂「清心寡欲」，運用老子在前面告訴我們的「虛靜」工夫來清淨內心，不失為一個好方法。如果你根本沒有想要「錢多多」的欲望，那人家根本無從賄賂你；而面對誘惑，你也不會天人交戰；在這種情況下，哪裡還需要「法」跟「禮」？

但「鎮」字有兩個涵義：一是「鎮靜」，如果你清心寡欲，恢復原始的質樸狀態，那就是它讓你的心得到了鎮靜、安寧。一是「鎮壓」，如果你的某些私欲依然蠢蠢欲動，那就需要用「法」與「禮」來鎮壓，人類社會依然要有一些大家必須遵守的律則（禮法），但絕不能太過繁瑣嚴苛，而必須是質樸的。這樣的「人道」其實也是在展現「天道」。

第三八局 ●○ 道德演化：向上提升或向下沉淪？

上德不德，是以有德；下德不失德，是以無德。上德無為而無以為；下德無為而有以為。上仁為之而無以為；上義為之而有以為。上禮為之而莫之應，則攘臂而扔之。

故失道而後德，失德而後仁，失仁而後義，失義而後禮。夫禮者，忠信之薄，而亂之首。前識者，道之華，而愚之始。是以大丈夫處其厚，不居其薄；處其實，不居其華。故去彼取此。

上「德」的人，不表現為形式上的「德」，因此而有「德」。下「德」的人，恪守著形式上的「德」，因此而沒有「德」。上「德」的人，順任自然而無心作為；下「德」的人，順任自然卻有心作為。上「仁」的人，有所作為卻出於無意；上「義」的人，有所作為且出於有意。上「禮」的人，有所作為而得不到回應，就會伸出手臂，強迫別人順從。

所以失去了「道」，才要講求「德」；失去了「德」，才要講求「仁」；失去了「仁」，才要講求「義」；失去了「義」，才要強調「禮」。「禮」的出現，表示忠信的不足，乃是禍亂的開端。上面所說的這些「仁」「義」「禮」，不過是「道」的虛華，但卻是愚昧的開始。因此，大丈夫立身敦厚，而不居於淺薄；存心樸實，而不流於虛華。所以要捨棄後者而選擇前者。

弈後語

《道德經》通常被分為《道經》與《德經》兩部分，這一局（章）是《德經》之首，重要性自然是不在話下。但老子所說的「道德」跟我們現在所理解的「道德」有很大的差距。在他的觀念裡，「道」是天地萬物的源頭與運作法則，它無形無名，是內隱、不可見的；而「德」則是外顯、可見的，它是「道」作用於物並顯現於物的形貌。如果說「道」是體，那麼「德」就是用，體用不二，兩者是不可分割的。

老子依他的觀點，為我們呈現了人類文明發展、特別是在倫理道德這個面向的進程：先有「道」，然後有「德」，爾後「仁」「義」「禮」再一個個出現。很多人認為這代表人類精神一步一步向上提升，但老子卻指出，這其實意味著人類心靈在一步一步向下沉淪。因為他認為是失去了「道」，才講求「德」；失去了「德」，才講求「仁」；失去了「仁」，才講求「義」；失去了「義」，才強調「禮」……。看起來好像愈來愈華美，但其實是每況愈下，一蟹不如一蟹，愈來愈糟糕。

他判斷的依據是「無」與「有」的多寡。「道」當然是無名無形、無心又無為的；但從無名無形到有名有形（德），從無心而為（上德）到有心而為（下德），從無意有為（仁）到刻意有為（義），從刻意有為到強迫他人順從（禮），愈來愈背離自然，也愈來愈虛矯，這對主張回歸自然的老子來說，當然是無法認同，而必須大加撻伐的。

老子認為「禮」的出現就表示忠信的不足，而必須以外在的規範來約束人心。一個社會越強調「禮」，那表示人心已敗壞到相當的程度；而大家若只是在表面上守「禮」，言行不一、陽奉陰違，那就是惑亂的開端。這些都很有見地，也可說是老子對儒家的批判，難怪《史記》會記載，當孔子去向老子問「禮」時，他會顧左右而言他：「良賈深藏若虛，君子盛德容貌若愚。去子之驕氣與多欲，態色與淫志，是皆無益於子之身。吾所以告子，若是而已。」

就哲學的境界來說，老子當然是高過孔子，但他的很多觀點其實也需要商榷。單就這一局來看，老子說的「道」「德」「仁」「義」「禮」出現的先後順序，很可能只是他一廂情願的想法，特別是「仁」，他認為「失德而後仁」，「仁」是較後來才出現的，是「為之而無以為」——有所作為卻出於無意，但儒家認為「仁」是出乎人的本性，是來自人皆有之的惻隱之心或赤子之心，現代的腦科學研究也已證明了這點，換句話說，「仁」本乎自然，並非老子所認為的是背離自然的「有為」。當然，老子也許會說「天地不仁」，自然是沒有什麼惻隱之心的；但自然沒有惻隱之心，難道我們人類也要跟著沒有惻隱之心嗎？縱然如此，人類本乎天性希望發揮「人飢己飢，人溺己溺」的仁心，又有什麼好挑剔的呢？

至於「義」，如果把它認為是對公平正義的追求，那的確有明顯的人為成分，但它也不見得就背離了自然，在後面的第七七局（章），老子說人類社會是「損不足以奉有餘」——統治者剝削人民供自己享樂，而「天道」則是「損有餘而補不足」，這不也是一種公平正義嗎？所以「義」也可以說是符合「天道」的呀！

「禮」也有類似的問題。籠統地說，「禮」與「法」指的都是人類行為的規範或準則，其中「禮」比較偏向內在的要求，而「法」則是外在的明文規定，它們的關係就跟老子所說的「道」與「德」有點類似，天地萬物有它們必須遵循的自然律則，人類社會有必須遵循的禮法，其實也是在順應自然，當然它們不能太過嚴苛繁瑣，但若要完全拋棄，不也是在違逆「天道」嗎？

說這些，不是要故意找老子的碴，而是覺得很多問題都應該從不同的角度去考察、思考，才有可能在矛盾中看到一個更真實的世界。

第三九局 ●○ 得一者清：對矛盾與混亂的超越

昔之得一者：天得一以清；地得一以寧；神得一以靈；谷得一以盈；萬物得一以生；侯王得一以為天下貞。

其致之也，謂：天無以清，將恐裂；地無以寧，將恐廢；神無以靈，將恐歇；谷無以盈，將恐竭；萬物無以生，將恐滅；侯王無以貞，將恐蹶。故貴以賤為本，高以下為基。是以侯王自稱孤、寡、不穀。此非以賤為本邪？非乎？故至譽無譽。不欲琭琭如玉，珞珞如石。

從來凡是得到一（道）的：天空得到一而清明，大地得到一而安穩，人的精神得到一而靈妙，河谷得到一而充盈，萬物得到一而生長，侯王得到一而天下安定。

由此推衍，可以認為：天空若不能保持清明，恐怕就要崩裂；大地若不能保持安穩，恐怕就要塌陷；人的精神若不能保持靈妙，恐怕就要消失；河谷若不能保持充盈，恐怕就要涸竭；

萬物若不能保持生長，恐怕就要滅絕；侯王若不能使天下安定，恐怕就要被顛覆。所以貴以賤為根本，高以低為基礎。因此王侯都自稱孤家、寡人、僕下。這不正是把低賤當作根本嗎？不是嗎？所以，最高的稱譽是沒有稱譽。因此，不要求像寶玉那樣華美，而要像石頭那樣粗糙樸實。

弈後語

本局的重點是「得一」。但這個「一」到底是什麼？很多人認為指的是「道」。如果是這樣，那為什麼不直接說「道」，卻要說是「一」呢？我想它指的即使是「道」，也是想呈現「道」的某個特點——也就是將原本對立、矛盾的兩種或多種元素，譬如有與無、黑與白、大與小、得與失、善與惡等，加以整合並超越之，而成為一個更高的、和諧的「統一體」。

譬如天空，理想的狀態是一片湛藍清明，但卻經常會有水氣聚集而產生各種型態的白雲、黑雲等，讓人看了不清爽。「天得一以清」就是將這些水氣化解掉（蒸發或下雨），讓天空又恢復原來的湛藍清明。至於「神得一以靈」，有人說是「神明得到一就會靈妙」，但老子是一個無神論者，在他的宇宙觀和人生觀裡都不需要有神的介入，所以，這裡說的「神」指的應該是人的精神——多數人的精神往往三心兩意，一下子想這樣、一下子又想那樣，經常處於混亂或矛盾的狀態，「得一」就是內心擁有一個穩定的中心思想，不管面對什麼樣的情境，都能夠自在地回應，而讓人感覺靈妙無比。

得到「一」，天、地、人、河谷、萬物與王侯，都可以因而清明、安穩、靈妙、充盈與生生不息；失去「一」則將變得暗淡、混濁、枯竭與衰滅。「一」的重要性由此可知，但要如何得到「一」，並讓各方面都維持在和諧、統一的狀態呢？老子的答案還是在於「行道」——以更謙下的態度來臻於更高的境界，這也是為什麼地位崇高的王侯會謙稱自己是孤家、寡人、僕下的原因。雖然後來很多人的「稱孤道寡」，都已變成高高在上、不可一世、專斷獨行的意味，但它們的原始涵義的確如老子所說是「貴以賤為本，高以下為基」，地位愈高貴的得道者，就應該以愈卑下的態度來為人處世。

不管是身為一個領導者或一般人，人生之所以變得混濁、讓人忐忑，主要都是因為我們有太多的欲望，想去追尋太多的東西，但最高的聲譽是沒有聲譽，最好的追尋是無所追尋。老子說不要求像寶玉那樣華美，而希望像石頭那樣粗糙樸實；得道者的確都是質樸的，但如果能超越寶玉和石頭，忘了自己究竟是寶玉還是石頭，那恐怕才是真正的「得一」吧？

第四十局 ●○ 天下大勢：把握道的運動與作用

反者道之動；弱者道之用。
天下萬物生於有，有生於無。

「道」的運動是循環的；「道」的作用是柔弱的。
天下萬物都生於「有」，而「有」則來自「無」。

弈後語

《三國演義》的開場白：「話說天下大勢，分久必合，合久必分。」這個天下大勢可以說就是老子「反者道之動」的具體呈現。

「反」有三個意思，分別為相反、反復與返回。「反者道之動」也可以有三種解釋：第一，「道」朝相反的方向在運動、或者說朝對立面在轉化，當天下一旦「分」後，它就會開始朝「合」

的方向運動；而一旦得到「合」，又開始往「分」的方向走。第二，「道」的運動是循環反復、周而復始的，天下一直在「分」與「合」間反復循環著，如日夜與四季之更迭。第三，「道」使一切又返回最初始的狀態，也就是到頭來「浪花淘盡英雄，是非成敗轉頭空」。這三種解釋或現象其實相互關聯，要兼容並蓄，才能掌握「反者道之動」的神髓。

「弱」除了柔弱外，還包括各種二元對立中被世俗認為是弱勢、負面的一方，譬如無、虛、靜、下、賤、愚、曲等。「弱者道之用」也可以有兩種解釋：一是「道」對天地萬物的作用基本上用的是「無為」、「柔弱」的方法，而非「有為」、「剛強」的手段。一是在自然與塵世的反復循環中，處於弱勢狀態反而有成長、向上提升的機會，因為「無」才能生「有」、「靜」才能變「動」、「下」才能升「高」、「賤」才能轉「貴」。衡諸三國時代的天下紛擾，似乎也不乏這樣的例子，譬如在曹操、孫權、劉備三人中，劉備是最人單勢孤的，但他就靠柔弱的方法為自己掙得一片天；而剛開始時不可一世的英雄豪傑，都灰飛煙滅，最後統一天下的則是當時大家都沒有想到的司馬家族。

「天下萬物生於有，有生於無」，這個觀念前面已提過多次，它在這裡也可以有兩種解釋：一是我們觸目所及都是「有」形的東西，但如果一直回溯，追到最初始的根源，則一切都來自「無」；而「有」與「無」其實也是處於反覆循環的狀態（有無相生）。一是在自然與塵世的百態中，我們所看到的「有」——不管是野外的犀牛、烏鴉或公司的財務報表、管理辦法，都只是表象，讓它們外顯並發揮作用的其實是背後看不見、「無」形的自然律則與觀念。

把「天下大勢」用在「個人局面」上，也另有啟迪：譬如在聽到有人提出與你相反的意見時，若能提醒自己「反者道之動」——他是在為你顯現「道」啊！那就能心平氣和、甚至愉快地聆聽，這樣對大家應該都具有更正面的意義。而在面對非常不利的情境時，牢記「弱者道之用」，不逞一時之勇，藉守「柔」示「弱」來度過難關，留得青山在，不怕沒柴燒，應該也是不錯的做法。至於不管是對人或對事，能深諳「有無相生」之理，不僅要看「有」，更要看「無」的一面，這樣對問題的掌握應該也是很有幫助的。

「反者道之動」讓人想起老子在第十六局所說的「歸根復命」——所有事物都回歸原本的狀態，然後又開始另一輪的循環。但我們要知道，這種反復循環不可能是在原地兜圈子，它比較像青原惟信禪師所說的三十年前尚未入門時，「看山是山，看水是水」；後來有了些道行，「看山不是山，看水不是水」；現在反璞歸真，「看山又是山，看水又是水」。在肯定——否定——再肯定（否定的否定）的歷程裡，後來的再肯定乃是原先肯定的超越。山還是山，但對它的認知已得到了提升。

天下大勢雖然是「合久必分，分久必合」，但後面的這個「合」跟原先的那個「合」已經不一樣了。所謂「反者道之動」，它更像是一個持續向上攀升的螺旋狀結構；而這也是人類文明進展與個人認知發展的軌跡。即使在自然界，雖然年年是春去秋來，但今年的秋天跟去年、一百年、一萬年前的秋天已經不一樣了。不管是自然界或人類社會，我們都無法再回到過去，看似回歸，其實是在進入一個不一樣的未來。這是大家在理解老子在這方面的觀點時，應該好好放在心上的。

第四一局●○大白若辱：無所遮掩、不再修飾的人生

上士聞道，勤而行之；中士聞道，若存若亡；下士聞道，大笑之。不笑不足以為道。故建言有之：明道若昧，進道若退，夷道若纇；上德若谷，廣德若不足，建德若偷，質真若渝。

大白若辱，大方無隅，大器晚成，大音希聲，大象無形，道隱無名。夫唯道，善貸且成。

上等資質的人聽見了「道」，就努力地去實踐；中等資質的人聽見了「道」，半信半疑；下等資質的人聽見了「道」，哈哈大笑。若不被這種人嘲笑，就不足以稱為「道」。所以古代立言的人說過這樣的話：光明的「道」，好像黑暗；前進的「道」，好像後退；平坦的「道」，好像崎嶇。高尚的「德」，好像低下的山谷；廣大的「德」，好像不足；剛健的「德」，好像怠惰；質樸純真，好像混濁未開。

最潔白的東西，好像含有汙垢；最大的方正，沒有稜角；最偉大的器皿，最後才造成；最

大的聲音。幾乎沒有聲響；最大的形象，看不到形體；「道」也幽隱而沒有名稱。只有「道」善於輔助萬物，並使它們一一完成。

弈後語

「道」雖然美好，但並不是每個人都能理解，更非每個人都願意奉行。因為每個人的資質、閱歷、品味不同，愈深奧、愈有意義的東西就愈少人能理解與欣賞，但這又跟「曲高和寡」不太一樣，平庸者不只無法理解「道」，還會自以為是，對「道」大加嘲笑。

譬如多數人都喜歡潔白而討厭汙垢，這原也是人之常情，把房間或自己的身體清理得乾乾淨淨，甚至是很多人追求的目標。但老子卻說「大白若辱」——最潔白的東西好像含有汙垢，一般人不僅無法理解，可能還會冷笑：「這是什麼話？」其實，一個真正懂得「潔白之道」的人，他看重的是內在、本質的乾淨，而非外在、表象的潔白，萬物與人原本就有一些汙垢（更何況潔白與汙垢的定義是相對的），當他達到一個境界後，他就會無所隱瞞、遮掩、修飾，而自然露出原本就有的一些汙垢，讓一般人看了覺得好像「很髒」，但其實是「潔白」的最高境界。

這也正是老子所說的「明道若昧，進道若退，夷道若類；上德若谷，廣德若不足，建德若偷」，還有「大方無隅，大器晚成，大音希聲，大象無形」的真正原因。一般人的認識水平都只停留在膚淺的表象，而真正的「道」與「德」不只不存在於表象，它們的本質甚至還與表象相反。為什麼會這樣呢？除了前面所說的「反者道之動」——「道」與「德」總是朝相反的方向在運動或朝對立面在轉化外，更重要的是真正的「得道」或「有德」之士，光看外表，也許會給人不好的印象，讓人覺得有點黑暗、不足、笨拙、倒退，但那是因為他們無所遮掩、不再修飾，已經達到光明、飽滿、純真、進步的更高境界，根本不在乎外人的評價或誤解。

當然，外在的汙垢並不一定表示內心「大白」，沒有稜角亦非就是「大方」，年紀一把還一事無成也不見得就是「大器」，但老子這種由反向辯證法而來的道理卻也提醒我們，對人對事都不可光從表象就妄下論斷，因為他們可能跟我們看到的完全相反，美麗的表象固然可能是偽裝，醜陋的表象也有可能是誤解，只有資質和見識淺薄的人才會被表象所迷惑。另外，我們立身行事也必須要有一套自己相信且能持守的「道」，只要自己認為它是對的、好的，又何必在意別人了解不了解？是要對我們鼓掌或嘲笑？

第四二局 ●○ 負陰抱陽：成爲一個和諧的生命體

道生一，一生二，二生三，三生萬物。萬物負陰而抱陽，沖氣以為和。

無形無狀的「道」先形成一個「有」（一），「有」化為「陰」與「陽」（二），「陰」與「陽」相交而生子（三），子再生子而繁衍成萬物。萬物都背「陰」而抱「陽」（內含「陰」氣與「陽」氣），「陰」「陽」二氣相互激盪而達到和諧圓滿的狀態。

弈後語

在這一局，老子用寥寥數語來描述他的宇宙萬物生成論。有人認為文中的道、一、二、三只是用來形容宇宙萬物從無到有、由少而多、從簡單變複雜的過程，並沒有特別的涵義，但我還是參考「天下萬物生於有，有生於無」與「一陰一陽之謂道」的說法，用「有」來解釋「一」，用「陰」與「陽」來說明「二」，覺得這樣可能比較符合老子的原意，而且可以呼應隨後出現的「負陰而抱陽，沖氣以為和」。

中國古代的思想家多認為宇宙萬物可以區分為「陰」與「陽」，就像天與地、日與月、男與女、晝與夜、水與火等，兩者是對立而又相互依存的，所謂「孤陰不生，獨陽不長」，人與萬物的創生都來自「陰陽合和」。但老子說的「萬物負陰而抱陽」是什麼意思呢？我覺得他不是說萬物有「陰」「陽」之分，而是在指出萬物也都各含「陰」「陽」兩種成分。而「沖氣以為和」說的不只是雌雄（男女）兩性要和諧相處，更表示人人與萬物也都應該調和自身的「陰」「陽」二氣，讓它們臻於和諧圓滿的境界。這也是老子和其他談「陰」「陽」的古代思想家最大的不同點。

現代醫學和心理學可以為老子的這種觀點帶來更多佐證和啟發：「男女之別」雖然在受精的一剎那就已決定（看和卵結合的是Y精子或X精子），但在妊娠初期，每個胚胎都含有能分別發育成男女生殖器官的基本構造，要到妊娠第六週，男女胚胎的發育才開始分道揚鑣。長大成人後，「男女之別」雖然愈來愈明顯，但我們每個人其實都依然在製造兩性荷爾蒙，只是比例懸殊而已（男性的男性荷爾蒙多，女性荷爾蒙少）。也就是說，從生理學來看，我們每個人都有「陰」又有「陽」，都是「負陰而抱陽」的。

心理學家榮格則認為，人類的心靈亦含有雌雄兩性，每個男人的內心深處都含有一縷女性化的靈魂，女人則含有男性化的靈魂。當代的「雙性人格」論更指出，一個人若能兼具傳統的男性氣質和女性氣質，並依情況需要而表現出最適當的行為方式，譬如一個男人在與他人做親密接觸時，會表現出他情感豐富、溫柔、細膩的一面；而在需要競爭以達成目標時，也能顯露出果敢、進取的一面——他就是一個「雙性人格」的男人。同樣的，一個「雙性人格」的女人除了喜歡小孩、藝術外，也會喜歡科學、運動。研究顯示，不管男女，具有「雙性人格」特質者不僅較有愛心、較獨立，而且還有較高的自我評價、社會能力、成就導向與創造力，它也是在一個兩性日趨平等的現代社會裡，應該受到鼓勵的理想人格型態。

就我的理解，老子的「負陰而抱陽，沖氣以為和」——讓心中的「陰」「陽」二氣在相互激盪，臻於和諧圓滿，正有這個意思。不過「雙性」並非男女氣質「各占一半」，而是隨情境做不同的呈現，從前面「知其雄，守其雌」還有其他說法可知，老子是比較偏重女性氣質的，這當然有他的時代背景和個人因素。其實，在男性氣質過度發揮，人類正飽嚐勇猛剛強惡果的今天，我們不只要有「雙性人格」，而且能多些傳統上屬於女性的氣質比重，正可切中時弊。

第四三局●○不言之教：溫柔而無形的改變力量

天下之至柔，馳騁天下之至堅。無有入無間，吾是以知無為之有益。不言之教，無為之益，天下希及之。（人之所教，我亦教之，吾將以為教父。）

天下最柔軟的東西能在天下最堅硬的東西之間自由馳騁。無形的力量能穿透沒有間隙的東西，我因此知道無為的益處。不言的教化，無為的益處，天下少有人比得上的。前人所教導的，我也用來教導人，我把它當作施教的張本。

弈後語

能夠在天下最堅硬的東西之間自由馳騁的東西，除了前面所說的水外，還有空氣，兩者都是柔軟的，而空氣更屬無形，看不見、摸不著。它們不僅是我們生存所必需，而且還蘊含了無比強大的力量，所謂「滴水穿石」，柔軟的水一點一滴慢慢滴，時間久了也能穿透堅硬而又沒有間隙的石頭。而由空氣快速流動所形成的風，可以是溫和的，讓人感到沁涼與舒適；但也可以是暴烈的，當狂風挾帶暴雨所形成的洪水，所到之處無堅不摧、無物不拔，那種「無有入無間」的力量就更驚人。

但老子接下來為什麼說「吾是以知無為之有益」呢？因為水與空氣並非自己鼓動起來而成為涓滴細流或洪水、微風或颶風的，它們是依循物理規律自然形成的，其力量並非刻意為之，而是來自「無為」。其實，自然界絕大多數的現象也都是來自這種「無為」，當然，像洪水與颶風並不見得能為人類帶來好處，但這也是人類的本位主義在作祟，就整個自然生態來說，它們是循環與再生的必要成分。所謂「水能覆舟，亦能載舟」，我們要如何因勢利導，善用類似的自然無為力量才是重點。

循著這個思路，接下來的「不言之教」就豁然開朗，因為自然不說話，她給我們的正是「不言之教」，我們只能透過觀察和思考，去了解各種現象的來龍去脈，找出背後的運作法則——也就是「道」，然後以自然為師，循道而行。

我們現在說一個好老師要身教重於言教，身教就是「不言之教」，學生在耳濡目染老師的人格、做學問、為人處世的作風後，受到薰陶，自覺或不自覺地仿效，這是最自然的學習與教育。而最好的老師除了「不言」，還要「無為」——不是什麼都不做、什麼都不教，而是除了提供一些必要的方法和知識外，盡量讓學生自己去找資料、去思考、討論，自己去找答案。只有老師「無為」，才能讓學生「有為」——自己主動去學習，這樣也才能為社會培養出真正有為的棟梁之材。

我曾根據自己的經驗，創作了一篇〈老師的眼神〉，表達我對小學三、四年級導師的感念，文章的重點是：當年老師教過我什麼東西，老實說我都忘了，但我依然清晰記得的是她看我的眼神。我這個剛搬到都市而有點適應不良的鄉下小孩，就是從她望著我的眼神裡，看到了她對我的關愛與期許，看到了我的夢想、我的潛能、還有我的未來。就是這種「不言之教」——溫柔而無形的力量對我產生莫大的影響。

我們每個人還有社會，需要的豈非就是這種溫柔而無形的力量？老子的一部《道德經》言簡意賅，很多地方還說得不明不白，從某個角度來看，這可能也是一種「無為」與「不言」之教，一股溫柔而無形的力量，用意是要讓大家自己動腦筋去思考，有所啟發，並形成改變自己的力量。

第四四局 ●○ 知止不殆：太字少一點，才能成其大

名與身孰親？身與貨孰多？得與亡孰病？甚愛必大費；多藏必厚亡。故知足不辱，知止不殆，可以長久。

名聲和生命比起來，哪一樣與你更密切？生命與財富，哪一樣對你更重要？得著世界與喪失生命，哪一樣是病態？過分愛惜必定造成極大的耗費，儲存豐富必定招致慘重的損失。所以，知道滿足便不會受到屈辱，知道適可而止就不會帶來危險，這樣才可以保持長久。

弈後語

每個人都知道要愛惜生命，只是大家也都經常忘記這檔事。

很久很久以前，當我還在台大醫院當實習醫師時，曾見過好幾個心肌梗塞的病人，印象最深刻的是住在內科特等病房的一位中年男子，他是某某公司的董事長。身體一向很好，幾天前，

為了生意而參加應酬，酒足飯飽後，胸部突然劇烈疼痛，在昏了過去後，立刻被送到醫院來急救。當時心肌梗塞的死亡率很高，他的命可以說是撿回來的。

我說他特別，是因為我第二次去看他，幫他做完心電圖後，他居然很嚴肅地問我：「不會死了吧？」然後不等我回答，就放聲哈哈大笑，讓我覺得好像被他擺了一道。也許平常忙碌或對下屬嘮叨慣了，我每次去看他，他都會對我說一堆話，上午說「以前覺得自己非常重要，現在才知道沒有我，地球也照樣轉動，公司可能會更好」，下午又說「出院後要帶太太去環遊世界」（他太太在旁插嘴「以前忙得連看場電影的時間都沒有呀！」）。

生了重病，特別是面臨死亡威脅時，總是會讓人駐足沉思、回頭猛醒，像老子一樣自問：「名聲和生命比起來，哪一樣與你更密切？生命與財富，哪一樣對你更重要？得著世界與喪失生命，哪一樣是病態？」多數人都會覺得死亡的威脅改變了自己的人生觀，於是下定決心要開始過不一樣的生活。但就像我後來在《實習醫師手記》裡提到這位病人說的：

「幾天後我就調離了這棟病房，病人當時還沒有出院，但他遲早會出院的。出院後，也許真的和他太太去環遊世界，回來後重新過他想過的生活；也許又投入繁忙的業務中，像在迷宮中疲於奔命的老鼠一樣，逐漸忘記自己為何而奔命，忘記這次生病的教訓。當他被一股不屬於自己的力量不斷催迫擠壓時，他也許會覺得煩躁，但他還是不得不被推著跑。直到有一天回頭猛醒，也許又在死亡邊緣了。」

為什麼我們會輕易忘懷在生命關鍵時刻所產生的那些可貴的想法與決心？主要是因為多數人很快又沉溺於世俗的感官與名利誘惑裡，去做更多的追逐，也就是老子所說的「不知足」與「不知止」。擁有愈多，只會擔心愈多，因被覬覦而讓自己陷入更大的險境而已。

英國的休謨是一個相當傑出的哲學家與歷史學家，雖然他的哲學論著擲地有聲，但他最受歡迎的卻是六大冊的《大不列顛史》，這部巨著在一出版後就成為暢銷書，一再重印，休謨每年都領到不少版稅。因為該書只寫到光榮革命而已，所以很多人一直慫恿休謨能繼續寫，寫到當代。但休謨卻沒什麼興趣，他對遊說者雙手一攤，說：「各位先生，你們已經給了我太多的榮譽，我不想再寫了，理由有四點：因為我太老了、太胖了、太懶了、太富了。」

休謨的理由看似自我揶揄，但其中有深義焉。那幾個「太」字正表示我們凡事要「適可而止」，想要更多的財富、權力、名聲、甚至貢獻，最後可能陷入險境，甚至反而受辱，但卻悔之已晚。明哲保身之道是知足、知止，「太」字「少一點」，才能成其「大」。

第四五局●○大巧若拙：內在修爲的反璞歸眞

大成若缺，其用不弊。大盈若沖，其用不窮。大直若屈，大巧若拙，大辯若訥。躁勝寒，靜勝熱。清靜，為天下正。

最完備的東西看起來好像欠缺的樣子，但它的作用卻不會停止。最充實的東西看起來好像空虛的樣子，但它的作用卻不會窮竭。最正直的東西看起來好像彎曲的樣子，最靈巧的東西看起來好像笨拙的樣子，最卓越的辯才看起來好像口訥的樣子。躁動克服寒冷，安靜克服炎熱。唯有清靜，才是天下的正道。

弈後語

雕刻大師朱銘的作品，一看就讓人覺得很有特色。不只人物造型（特別是太極系列），還有他的藝術風格，都飽含濃厚的「中國元素」，而且很自然地讓人想起老子，因為它們就是本局所說「大巧若拙」的具體呈現。

朱銘是學徒出身，十五歲就學習傳統的廟宇雕刻與繪畫，講究的是小巧精緻。但後來想更上層樓而拜楊英風為師，開始踏上自我創作之路，從鄉土系列、太極系列到人間系列，他的境界愈來愈高，而風格也愈來愈粗簡拙樸，不只是「大巧若拙」，同時也有「大成若缺」、「大辯若訥」的味道。

連續好幾個「大A若B」，跟前面說過的「上德若谷，大白若辱」等，指涉的都是類似的修為境界。除了在第四一局所提到的原因外，本局想再多些論述：人在很多方面原本都是缺、沖、屈、拙、訥、愚的，為了提升自我，而朝成、盈、直、巧、辯、智的目標邁進，但一個真正成就大目標、有大領會的人，他又會反璞歸真、復命歸根，再回到類似原先的模樣，但那只是外表上的「若」（好像），在本質上已是更高的境界。這種外在表現與內在本質的辯證關係不僅是老子個人思維的特色，實際上已經深入文化的生命體，而成為一種特殊的「中國元素」。

一個人內在的修為愈高超，他就會愈內斂，愈不想賣弄與炫耀自己的本事，這是他在外表上讓人覺得拙、訥與愚的主要原因。另一方面，愈高超的內在修為也讓他愈謙虛，愈感覺到自己的不足與渺小，反而使他能有更進一步不斷完善自我的機會，也就是老子所說的「其用不弊」、「其用不窮」。

我們不能被一個人的外在表現所迷惑，因為他可能有著完全相反的內在本質。但大家經常會面臨下面這個問題：我們要如何區分「大巧若拙」與「大拙若巧」、「大智若愚」與「大愚若智」？老子並未提及，我想關鍵在於當事者是否曾經「巧」過「智」過？如果有，那麼他現在的「拙」與「愚」，很可能就是「大巧」與「大智」的表現；如果沒有，那麼他的「拙」與「愚」也許只是真的「拙」與「愚」。曾國藩晚年將他的書房取名為「求缺齋」，因為他早已功成名就過，所以我認為這是他「大成若缺」的表現；但如果一個毛頭小子還一事無成，年紀輕輕就搞個「求缺齋」，那就是在裝模作樣。

最後一段，連原文都眾說紛紜。但如果沿著外在與內在相反的思路來理解，那就是當外在環境「寒冷」時，我們就要以內心的「躁動」來克服它；而當外在環境「炎熱」時，我們就要靠內心的「清靜」來鎮定它。但因為外在世界總是紛亂不堪（炎熱），所以最好的方法是保持「清靜」，讓我們的內心和外界都慢慢沉澱下來。

第四六局●○知足者富：滿意於自己眞正想要的

天下有道，卻走馬以糞。天下無道，戎馬生於郊。

禍莫大於不知足；咎莫大於欲得。故知足之足，常足矣。

治理天下合乎「道」，太平安樂，戰馬被送回農村耕田。治理天下不合乎「道」，戰亂連連，連懷胎的母馬也要上戰場，而在郊野生產。

最大的禍害就是不知足，最大的罪過就是貪婪。所以明白到什麼地步就該滿足的人，就能永遠滿足。

弈後語

什麼是人生的正道？什麼是你真正想要的人生？

我多年前認識一位女士，在一家知名的雜誌社工作。有一次聊天時談起工作與家庭生活，她說她結婚後其實很想生個小孩，但卻一直不敢懷孕，因為工作壓力實在太大了，讓她覺得「不適合」懷孕。而且不只她一個人這樣想，其他很多年輕的女同事也都有這樣的顧慮（包括擔心因懷孕生產，影響工作表現而不利於升遷）。

老子說「天下無道」時，連懷孕的母馬都要上戰場，在荒野生下小馬。我倒是覺得現在有些企業雖然沒有明文規定，但無形的工作壓力與競爭氛圍，讓不少有抱負的女性員工連懷孕都不敢奢想，這其實是另一種形式的「天下無道」啊！

後來這位女士選擇離開那家雜誌社，換了一份較輕鬆、待遇較少的工作，生下了她想要的小孩，也有了較愉快的家庭生活。這當然牽涉到個人的價值觀、你覺得什麼才是「人生的正道」等問題。那什麼是「人生的正道」呢？老子一貫的主張其實很簡單，就是自自然然、正正常常的過生活。想要生個小孩、想有愉快的家庭生活是很自然的願望，任何對這種自然願望的阻擾與破壞，不管理由多冠冕堂皇，都是「無道」——偏離與扭曲「人生的正道」。很遺憾的，今天有很多讓人羨慕的工作都屬於此類，雖然光鮮亮麗，卻又忙碌、壓力又大，但仔細想想，到底是為誰辛苦為誰忙？那真的是你想要的嗎？

當然，現代人要追求的人生目標很多，想滿足的願望也不少，但我們不可能什麼都要。如果你什麼都要，那通常會失望以終——因為得不到的總比得到的來得多；而為了獲取得不到的東西或想得到更多，你很可能會透支體力、犧牲家庭、甚至鋌而走險，結果不僅得不償失，還要付出慘痛代價，這也就是老子所說的「禍莫大於不知足；咎莫大於欲得」。

老子勸我們要「知足」，雖然多少是在反映他消極、保守的思想，但卻也是明智之言。所謂「知足者富」，知道滿足、容易滿足的人，不只是天下最富有的人，更是最快樂的人；因為真正的幸福快樂不在於你「擁有多少」，而在於你「享受多少」；而且你「享受」的還是你自己真正想要的。

第四七局 ●○ 不見而明：想像、思考與驗證之必要

不出戶，知天下；不窺牖，見天道。其出彌遠，其知彌少。
是以聖人不行而知，不見而明，不為而成。

不出大門，就可以知道天下的事理；不望窗外，就能夠了解自然的規律。愈是向外追逐，知道的東西就愈少。

所以聖人不動手做卻能知曉，不親眼看見卻能明白，不刻意而為卻能有所成就。

弈後語

對現代人來說，「不出戶，知天下；不窺牖，見天道」似乎不足為奇，你待在家中，只要透過電視和網路，不僅能知道天下大小事，連外太空有什麼新星誕生也都能一覽無遺。但認真說來，這些都只是被動接收、撿現成的二手資料，並非老子的原意。老子說的是一個人足不出

戶，不需要實際觀察和體驗，光憑思考、推論，就可以明瞭世局的走向，甚至發現宇宙的奧祕。

這讓我想起天文學界的一則美談：一八四六年九月二十三日，德國柏林天文台的加勒台長接到一封署名勒維烈的法國來信，請他在當天晚上「將望遠鏡對準摩羯座δ星之東約五度的地方，你就會發現一顆新星。它小圓面直徑約三角秒，運動速度每天後退六十九角秒……。」加勒台長好奇照做，果然發現了太陽系的另一顆新行星——海王星。

一個月後，他專程到法國去拜訪勒維烈，發現對方居然只是個三十出頭的小夥子，加勒忍不住問他是用什麼祕密武器找到那顆新行星的？勒維烈說他連窗戶都沒有打開，而是在桌上靠紙和筆，運用柯卜勒定律、太陽系已知行星運行的一些數據「演算」出來的，他寫信給加勒台長，是想請他用精密的天文望遠鏡去觀察、驗證他的推算是否正確。

這真的是「不窺牖，見天道」！但我還是必須說老子把話說得太滿了。在房間裡光靠讀書、推論與想像所得到的「結論」，如果沒有經過客觀的驗證，都只是「可疑的假設」，如果信以為真，那也很可能帶來悲慘的後果。戰國時代的趙括就是一個很好的例子：

趙括是趙國名將趙奢的兒子，自幼熟讀各家兵書，精研兵法，與人談論用兵打仗之事，連他父親都辯不過他。但趙奢卻不以為然，認為他缺乏實戰經驗，只會「紙上談兵」，太過輕率，不足以擔大任。趙奢死後，認為趙括是「軍事天才」的趙王，竟用他取代廉頗做為抗秦大將。

缺乏實際作戰經驗的趙括，在長平之戰裡，中了秦將白起的計謀，想直搗秦軍壁壘，卻反被團團包圍，結果是一敗塗地，不僅自己被亂箭射死，還落得繳械投降的四十萬大軍全遭坑殺（活埋）。

沒有人是天縱英明的，光靠想像、思考或內在修為就能「不行而知，不見而明，不為而成」。勒維烈之所以受到肯定與讚揚，並不是因為他的「閉門造車」有多精采、多高明，而是他主動要求他的想像、思考與推論必須接受事實的驗證。只有通過驗證，我們才能說那是真的，也才能讓別人信服。

人生需要豐富的想像，更需要深沉的思考，但所有的想像與思考都必須通過事實的驗證，才能成為讓人信持的安身立命之道。

第四八局 ●○ 爲學與爲道：人生的加法和減法

為學日益，為道日損。損之又損，以至於無為。無為而無不為。取天下常以無事，及其有事，不足以取天下。

追求學問，每天要增加一些；追求道，則每天要減少一些。減少又減少，直到「無為」的境地。知道「無為」，就沒有什麼事做不成了。治理國家要清靜無為，至於政令繁苛，那就不配治理國家。

弈後語

人生可以有很多目標，孔子就說過君子要「志於學」、「志於道」，他認為求學與求道可以並行不悖，甚至還能相輔相成。但老子卻告訴我們，求學與求道是兩碼子事，而且還可能會互相牴觸。

追求學問是向外面學習生活所必需的各種知識和技藝，它們是日積月累的，增加愈多，日常生活就愈可以獲得改善，也就是「為學日益」。但「道」則不假外求，所謂「求道」其實是一種內在的修為，我們要做的是去除內心的欲望、貪婪、自大、自作聰明和刻意作為等等，每天減少一些，一直減損到如嬰兒般的純真狀態，心中乾乾淨淨，沒有任何私欲與雜念，也就是「為道日損。損之又損，以至於無為」。

「無為而無不為」並非什麼事都不做，而是無心為之，不會為了某個目的刻意去做某些事，而只做自己應該做的事（譬如去除私欲），結果很可能就會「得道多助」，獲得各方人士的支持，反而什麼事都水到渠成，甚至是「取天下常以無事」。但如果想大張旗鼓，以繁苛的政令和窮兵黷武去取得天下，那不只勞民傷財，取得天下後也無法維持長久。

老子的「為道日損」，跟後來禪宗所主張的「明心見性」有點類似，只是禪宗的去除私欲與執著是為了求得個人心靈的解脫，而老子的去除私欲與執著（無為）最後卻扯上了「取天下」，這也難怪有那麼多人會認為《道德經》是寫給統治者看的帝王術。

但不管是領導者或個人，在老子的認知裡，「為道」顯然比「為學」重要得多，而且「為學」甚至還會妨礙「為道」。他在前面已一再提及，知識累積得愈多，人心可能就會變得愈精明、狡詐，愈失去原有的質樸純真，離道愈遠。由此也可推知，老子雖然不反對大家學習生活所必需的知識與技術，但對它們顯然也不會有太高的評價。

明朝的儒學大師王陽明說：「吾輩用力，只求日減，不求日增。減得一分人欲，便是復得一分天理。何等輕快脫灑？何等簡明？」他的這種說法很可能就是受到老子與禪宗的影響，但跟當年的孔子相較，儒家的面目卻因此而變得模糊，甚至可以說是一種倒退，它讓愈來愈多的中國人不重視生活所需的知識與技術，這其實是一個令人遺憾的發展。

今日的人類社會比起老子和王陽明的時代進步得太多了，但它主要來自「為學日益」，而非「為道日損」。當然，有人會說進步的只是物質層面，現代人的精神生活不只沒有進展，反而比過去來得空虛與痛苦。但真的是這樣嗎？姑不論今人比古人空虛痛苦的「證據」在哪裡，我想沒有人會反對「為道日損」，但似乎也不必因此而貶抑「為學日益」。

「為學」與「為道」就像加法與減法，兩者不僅可以並行不悖，而且都是生活所必需。即使它們之間存在著矛盾與對立，如何將它們整合成一個更高的、和諧的統一體，讓物質生活與精神生活同樣美好，不也是老子所追求的理想境界嗎？

第四九局 ●○ 聖人常無心：在菁英與民粹的岔路上

聖人常無心，以百姓心為心。善者，吾善之；不善者，吾亦善之；德善。信者，吾信之；不信者，吾亦信之；德信。

聖人在天下，歙歙焉，為天下渾其心，百姓皆注其耳目，聖人皆孩之。

聖人沒有一定的成見，以百姓的意見為意見。善良的人，我善待他；不善良的人，我也善待他，這樣可使人人向善。誠信的人，我信任他；不誠信的人，我也信任他，這樣可使人人守信。

聖人在位，收斂自己的意欲，使人心化歸於渾樸，百姓都專注於自己的耳目，聖人使他們都回復到嬰孩的純真狀態。

弈後語

近年來，不管是在台灣或大陸，都有政治人物引用「聖人常無心，以百姓心為心」來傳達自己的政治理念，表明他是和人民站在一起的。這多少顯示，他們認為老子這句話很符合現代的民主精神。

每個人對人對事都會有一些成見與好惡，但「聖人常無心」，一個好的領導者應該拋開我執，放棄個人的成見、好惡甚至意志，而以民意為依歸，所謂「民之所欲，常在我心」，根據民意來施政，這正是現代民主政治的精神所在。但我以為老子所說或所要的，顯然不是現代的民主政治，而是以民意為依歸的聖人之治。

國家走向與治國方針要由誰來決定呢？即使時至今日，仍有菁英主義與民粹主義的爭論。支持菁英主義者認為，社會大眾缺乏知識、判斷力不足、容易受煽動而情緒化，讓社會動盪不安，所以主張應該由少數有知識、能力、教養和經驗的貴族與官僚來做決策與推動，這樣才能長治久安。而支持民粹主義者則認為，菁英分子自以為是，但想法與生活都跟民眾脫節，他們追求的其實是自身利益，所以應該由廣大的社會大眾直接參與和決定政治事物。畢竟攸關眾人的事物還是應該由眾人來決定，但社會大眾的意見很少是一致的，這時候我們只能聽從占多數的民意，只是在意見形成與表達的過程中，必須確保遊戲規則的公平與公正，減少人為的操控與扭曲。

社會大眾良莠不齊、各有心思與脾性，要如何去面對「百姓心」呢？老子的建議是：不管人民善或不善，一個好的領導者（聖人）都應該善待他們；不管對方誠信或不誠信，一個好的領導者都應該信任他們。換句話說，社會也許存在著各種矛盾和對立，但老子認為領導者要用無差別的慈悲心，以包容的胸懷去對待所有人，不只像大海接納百川，而且還希望能感化、淨化他們，化解矛盾、消除對立，使人人向善、人人守信，社會又化歸於純樸。這聽起有點像儒家的德治，層次可能還高一點；看起來似乎也很完美，但顯然是陳義過高。

在老子那個時代，就有和道家與儒家互別苗頭的法家，他們認為儒道兩家都高估了人向善的可能，卻低估了人向惡的潛能；而且，並非人人都可以被感化，光靠慈悲或道德無法治國，更不能將希望寄託於一兩個聖人身上。他們主張要以法治國，當權者透過法律治理國家，經由賞罰分明、獎善懲惡來建立一個安和樂利的社會。但這種做法卻是老子所反對的，老子認為「法令滋彰，盜賊多有」（第五七局），的確，法律只是治標，無法治本，而且法律是當權者訂的，只是他用來管理或控制人民的工具而已。但用我們現代人的觀點來看，過去法家的以法治國只是「法制」（rule by law），而非真正的「法治」（rule of law）。

「法治」相對於「人治」，主張在人類社會裡有某些凌駕於一切之上的最高規則，是所有人都必須共同遵守的，從某個角度來看，這其實也就是老子所說的「道」，它也是沒有差別心的，對統治者和老百姓都一樣對待、一樣慈悲。有人為了有所區別，將「法制」稱為「刀治」，而把「法治」稱為「水治」，雖然是取「制」與「治」的部首而成，但「水治」不正符合老子所說的自然之道嗎？

而「法治」的這個「法」從何而來？最理想的情況是由代表社會各階層的菁英分子所草擬，然後經過所有人民的認可，成為所有人共同遵守的社會最高法則。我以為這才是老子所說「聖人常無心，以百姓心為心」的現代涵義。

第五十局●○出生入死：從逃離危險到面對危險

出生入死。生之徒，十有三；死之徒，十有三；人之生，動之於死地，亦十有三。夫何故？以其生生之厚。蓋聞善攝生者，路行不遇兕虎，入軍不被甲兵；兕無所投其角，虎無所用其爪，兵無所容其刃。夫何故？以其無死地。

人從生命出發，走入死亡。屬於長壽的，占十分之三；屬於短命的，占十分之三；本來可以活得長久卻自己走向死路的，也占十分之三。為什麼呢？因為奉養太過度了。聽說善於養護生命的人，行路時不會遇到犀牛和老虎，打仗時不會受到傷害。犀牛用不上牠的角，老虎用不上牠的爪，兵器用不上它的刃，為什麼呢？因為他沒有進入死亡的範圍。

弈後語

每個人都不想早死。要如何避免早死，老子給我們一個不錯的建議。

首先，老子說有些人天生就較長壽，有些人則較短命，有些人則是原本可以長壽卻因自身的作為而提早死亡。而那些人為什麼會早死？老子認為主要是因為吃太好、養尊處優，也就是對自己奉養過度。若不談比例問題，他的這種說法是相當符合現代醫學觀點的。

但接下來才是老子的重點，也就是告訴我們要如何「攝生」。他「聽說」善於養護生命的人「行路時不會遇到犀牛和老虎，打仗時不會受到傷害」，為什麼能如此呢？因為他們「沒有進入死亡的範圍」（無死地），老子沒有解釋，但想來不外下面兩種原因：一是他們很小心，不暴露於危險的情境中，避開犀牛和老虎出沒的地方、遠離戰場，這樣犀牛、老虎和兵器就「無用武之地」，自然傷不了他。一是他們處變不驚，雍容自在地面對危險，冷靜處理，這樣犀牛、老虎和兵器就不想傷他或不見得傷得了他。

後者顯然比前者來得高明。因為「遠離危險」只是一種消極的逃避，人生不可能沒有危險，甚至必須經常置身險境，所以真正重要的是如何「面對危險」。老子最傑出的後繼者莊子就對此有所發揮，在〈莊子・達生篇〉裡，列子問為什麼「至人潛行不窒，蹈火不熱，行乎萬物之上而不栗（顫抖）」？關尹回答說那是因為至人能「純氣之守也」（持守純和之氣）的關係。他還舉了酒醉者從車上摔下來卻不會受傷的例子，因為酒醉者「乘亦不知也，墜亦不知也，死生驚懼，不入乎其胸中」，所以摔下來碰到東西也不見得會受傷。客觀而言，並非每個酒醉者都能如此；但心中若沒有害怕的念頭，面對危險不驚慌失措，的確能降低傷害。酒醉者是因為「沒有意識」到危險才不會驚慌害怕，而至人則是心中充滿「純和之氣」，雍容自在、超越生死，與天地萬物合而為一，不驚不懼，自然不會受到傷害。

法國的拿破崙善於帶兵打仗，但經常面對一個頭痛的問題——很多士兵因恐懼死亡而逃離戰場。為了克服他們的恐懼，在將這些逃兵抓回來，重新送進戰場前，拿破崙會對他們做如下的精神講話：「我的同袍兄弟，你們都想錯了！如果你注定非死不可，就是躲在地窖裡，子彈也一定會找到你。要是你注定活下來，那麼在槍林彈雨中，你也能毫髮無傷。」在有了這種認知後，不少重返戰場的逃兵即變得「視死如歸」。既然生死是命中注定的，那你還有什麼好擔心、好害怕的呢？因為不再慌亂，所以反而能增加自己活命的機會。

這其實就是莊子所說的「安之若命」。關於生死，有很多是我們無法理解、也難以掌握的。我們能做的是：第一，不要故意讓自己暴露在危險的情境中，去冒不必要的險。第二，當不可避免的危險降臨時，與其想驚慌逃離，不如安詳地面對它、處理它。

第五一局 ●○ 生而不有：讓人耳目一新的道德觀

道生之，德畜之，物形之，勢成之。是以萬物莫不尊道而貴德。道之尊，德之貴，夫莫之命而常自然。

故道生之，德畜之；長之育之；成之熟之；養之覆之。生而不有，為而不恃，長而不宰。是謂玄德。

「道」生成萬物，「德」蓄養萬物，萬物成形以後，環境讓它們成長。所以萬物沒有不尊崇「道」而珍貴「德」的。「道」所以受尊崇，「德」所以被珍貴，就在於它不干涉，讓萬物順任自然。

所以，「道」生成萬物，「德」蓄養萬物，使萬物成長發育，使萬物成熟穩定，讓萬物得到滋養照顧。「道」雖然生長萬物卻不據為己，興作萬物卻不自恃己能，長養萬物卻不做為主宰，這就是最深的「德」。

弈後語

很多人都說，現代社會是「人心不古，道德淪喪」。但若問什麼叫「道德」？十個人有九個人會說：它指的是大家公認的一套行為準則與規範，我們用它來判斷一個人的行為是否正當、人格是否高尚，並靠它來維繫社會的和諧。大家耳熟能詳的四維八德就是中國的傳統道德，但因為「淪喪」——不再受重視、不再被遵守，所以社會就日趨墮落與混亂。

「道德」一詞最早的來源可能就是老子的這部《道德經》，但我們現在所說的「道德」主要是儒家的觀點，跟老子卻有很大的差距。對老子來說，「道」與「德」是分開的，它們分別代表生命存在與成長過程的兩股力量。從本局可知，老子認為「道」是所有生命的共同根源，就是這個「道」讓萬物生生不息的，此謂「道生之」。生命演化成各種不同的物種，各有不同的本性，就是「德」；萬物依其本性去發展，這就叫「德畜之」。接下來，在發展過程中，萬物靠著外來養分與內在機制而產生不同的形貌，此謂「物形之」。然後，隨著外在大環境的變遷與個別的際遇，而成為一個獨特的存在，這就叫「勢成之」。

在這個成長與存在的模式裡，「道」與「德」對萬物只是生之畜之，但卻不加干涉，讓它們順任自然去發展，而這也是老子所認為「道德」的可貴之處。人類是萬物的一員，人的成長與存在也遵循這個模式，在老子的這個存在模式裡，生命本身並沒有什麼既定或預設的「目的」，每個人生命的意義或存在的目的都有待個人去創造、追尋與實現，所以，聽從自己的本性去發揮所長，才是符合「道德」的做法，這跟我們現在所理解的「道德」有很大的差距，但似乎是更值得我們認同的「道德」觀。

當然，在聽從自己的本性去發揮所長、創造自己生命意義的同時，我們也要讓別人能順著他們的本性去發展、去追尋他們各自的生命意義，而不要隨便干涉、橫加阻擾。即使是受到我們養育、栽培、照顧，才能成長、成熟的子女或下屬，也不能因為自覺「有恩」於對方，就要將他們據為己有、當他們的主宰，而是要像老子所說「生而不有，為而不恃，長而不宰」，讓他們在沒有壓力的情況下，發揮所長、走自己的路，能做到這點，才是「德」的最高境界。

我們現在所說的「道德」，其實是老子所反對的（見第十八、三八局），或是把它們當作一種「淪喪」。如今為了社會和諧，我們到底要相信儒家或道家也許見仁見智，但換個角度和心情看「道德」，應該也不錯。

第五二局●○與道共舞：閉目內觀的精神修爲

天下有始，以為天下母。既得其母，以知其子，復守其母，沒身不殆。塞其兌，閉其門，終身不勤。開其兌，濟其事，終身不救。見小曰明，守柔曰強。用其光，復其明，無遺身殃；是為襲常。

天下萬物有一個起源，可稱它為天下萬物的母體。曉得了母體，就可以認識它的孩子；認識了孩子，再回去持守著母體，那麼終身就都不會有危險。

塞住欲望的孔竅，關閉欲望的門徑，你就終身不會有勞苦愁煩。敞開感官的出口，滿足欲望的目標，你便終生都不能得救。能洞察細微，才叫「明」；能持守柔弱，才是「強」。運用外見的光，回復內在的「明」，不給自己帶來災殃，這就叫做永續不絕的常「道」。

弈後語

母子關係是世間最親密與最珍貴的關係，在這一局，老子以母子關係來形容我們跟「道」的關係。

「道」是我們與萬物的母親、內在本質，而萬物和我們都是「道」的孩子、外在表現（象）。如果我們掌握了「道」，就能知道萬物的運作概況，就好像了解了母親，多少也能知道兒子的情況。沒有母親就沒有兒子，每個兒子的身上都含藏著母親的本質，而只有穿透外在表象，去掌握那內在的本質，我們才能認識「道」，進而實踐「道」。

「塞其兌，閉其門，終身不勤」，原意是阻絕外在的刺激與誘惑，將欲望減至最低，就不會有煩惱；但也是在說我們若想要求「道」、掌握生命之「道」，那就要閉目內觀，以內在的精神修為去提煉。而「開其兌，濟其事，終身不救」，則是在說如果向外索求，追尋外在刺激、滿足感官欲望，那就是背道而馳，只會讓人愈來愈迷惘，終生不能得救。

老子的這種觀念其實也是古今中外很多智者共有的想法，譬如西方的心理學大師榮格就說過：「只有當你朝內心看時，你的眼光才會變清晰……，那些往外看的，是在做夢；往裡看的，則是清醒。」知名的阿拉伯詩人紀伯倫也說：「我是一個旅行家和航海者，每天都在我的靈魂裡發現一個新領域。」當你經常閉目內觀，不僅能降低對外在刺激的追求，而且能發現和認識你心靈的豐饒，你內心含藏的「道」。

這種內在觀照或冥思，不是任憑意念紛飛、胡思亂想，而是要和含藏於我們內心的「道」契合，隨之俯仰遨遊，了悟「道」的本質——「見小曰明，守柔曰強」。老子在前面已一再提醒我們，「道」跟世人的喜好經常相反，除了「無為」與「不爭」之外，「道」雖然可大可小，但我們寧可取其小，而且只有能洞見細微之處，能安於小，才是真正的明白（智）；「道」雖然可剛可柔，但我們也寧可取其柔，而且只有能守柔示弱，才是真正的強者。

「光」是外在表象，「明」是內在本質。所謂修道或得道，就是要「用其光，復其明」，透過對外在表象的省思，明心見性，回復或重現我們內在的本質，也就是「道」。能夠做到這點，我們才能拋開世俗的羈絆，與「道」共舞，走到哪裡都逍遙自在。

第五三局 ●○ 大道與小路：在取與給的天秤上

使我介然有知，行於大道，唯施是畏。大道甚夷，而人好徑。朝甚除，田甚蕪，倉甚虛；服文采，帶利劍，厭飲食，財貨有餘；是謂盜夸。非道也哉！

假使我確實有些見識，就會順著大「道」而行，唯一擔心的是誤入歧途。大「道」非常平坦，但人們卻喜歡走小路。政府腐敗極了，田園非常荒蕪，倉庫十分空虛；統治者卻穿著華美的服飾，佩戴鋒利的刀劍，飽食精美的佳餚，搜刮過多的財寶，這叫做強盜頭子。根本不是大「道」啊！

弈後語

在這一局，老子說了重話。他把不事生產，只會搜刮民脂民膏供自己享用的統治者稱為「強盜頭子」，雖然嚴厲，但卻也是相當貼切的指控。老子說這是「誤入歧途」，遠離了自然的「大道」，他將這個歧途稱為「小路」（徑）。其實，不只統治者，很多人也都喜歡走「小路」，而這正是老子所不以為然的。

那什麼是「大道」呢？自然界萬物是相互依存的，有取就有給，你從別的生物身上得到某些東西，那你就要付出另些東西給其他生物，即使是「萬獸之王」的獅子，雖然靠撲殺草食性動物維生，但也要提供自己體內的血供蚊蟲吸食，死後肉身更成為其他動物的大餐。一個有見識的人體察自然的「大道」，了解到人與人之間也是相互依存的，應該「有取就有給」。但高高在上的統治者卻「只取不給」，而一般人也希望自己能盡量「多取少給」，這都是個人的私欲在作祟，也就是走「小路」。「大道」與「小路」就好像「大我」與「小我」，如果人人都只為了「小我」而走「小路」，都想拚命拿而吝嗇給，那麼整個社會很快就會因失衡而陷入枯竭。

陳之藩在他那篇知名的〈謝天〉一文裡說，他因看外國人吃飯前總是先低頭祈禱「感謝上帝的賜予」，聯想到小時候家人圍著圓桌吃飯時，祖母經常摸著他的頭，要他感謝「老天爺賞我們家飽飯吃」，他當時覺得納悶，這飯食明明是祖父母辛苦掙來的，為什麼要感謝老天爺？後來有了些見識，特別是在普林斯頓讀了愛因斯坦的《我所看見的世界》，發現愛因斯坦在提到他那被認為獨到創見的相對論時，總是會特別感謝這個友人或那個同事給他的靈感與討論，好像他的偉大發現都來自別人的貢獻似的。在更多的人生閱歷後，陳之藩「有了一種新的覺悟：即是無論什麼事，得之於人者太多，出之於己者太少。因為需要感謝的人太多了，就感謝天罷。」

西方人要感謝的「上帝」，陳之藩要感謝的「天」，跟老子所說的「大道」其實差不多，認真說來，我們的確是「得之於人者太多，出之於己者太少」，但除了「感謝」外，我們是否更應該提醒自己，要盡己所能地為別人付出、回饋社會呢？愛因斯坦就講過這樣的話：「我每天上百次地提醒自己，我的精神生活和物質生活都依靠著別人（包括活著的和死去的）的勞動，我必須盡力以同樣的分量來報償我所領受的和至今還在領受的東西。我強烈嚮往儉樸的生活，並且常因發覺自己占有了同胞過多的勞動而於心不忍。」

這是一個「介然有知」者的肺腑之言。只有離開只顧自己的「小路」，走在寬廣的「大道」上，人人為我，我為人人，那才是生命之至道。但我在這裡還是必須強調，愛因斯坦的這種「人道」之言，並非來自他對「天道」的認知，而是來自個人的反省。這也是他跟老子不一樣的地方。

第五四局 ●○ 其德乃眞：在生活中具體實踐傳統信念

善建者不拔，善抱者不脫，子孫以祭祀不輟。修之於身，其德乃真；修之於家，其德乃餘；修之於鄉，其德乃長；修之於邦，其德乃豐；修之於天下，其德乃普。故以身觀身，以家觀家，以鄉觀鄉，以邦觀邦，以天下觀天下。吾何以知天下然哉？以此。

善於建立的不可拔除，善於抱持的不會脫落。子孫依此而行，可以世代享受祭祀，不會斷絕。以此來修養自身，他的「德」就會真實；貫徹到一家，他的「德」就會有餘；貫徹到一鄉，他的「德」就會長久；貫徹到一國，他的「德」就會豐盛；貫徹到天下，他的「德」就無所不在。所以，我從自己觀察別人，從我的家庭觀察別的家庭，從我的鄉里觀察別的鄉里，從我的邦國觀察別的邦國，從我的天下觀察別的天下。我怎麼知道天下的情況呢？就是用這種道理。

弈後語

老子所說的「善建者」與「善抱者」，他們所「建」所「抱」的顯然不是房子、樹木之類的東西，而應該是跟精神有關的信念、傳統、儀式、風俗等。它們一旦建立起來，被認為是美好的東西之後，就會受到堅定的抱持，即使遭受各種嚴酷的考驗，歷經數代、綿延千年，都依然能屹立不搖。這的確很難得，但真的有這種人和這種信念嗎？

我年輕時代相當景仰創建精神分析的西格蒙・佛洛伊德，在閱讀他的傳記時，發現一件有趣的事：他是猶太人，一八五六年五月六日在捷克出生，父親是個毛織品商人。父親在他出生後一個禮拜，為他舉行猶太人傳統的割禮，並在猶太教的家庭聖經裡，以猶太曆記載他誕生與接受割禮的日子，主持割禮的猶太祭司是誰，還為他取了一個猶太人的名字。

這是猶太人信念、傳統、儀式與習俗的具體表現。值得注意的是，佛洛伊德這個家族不是在近二、三十年才移民歐洲的，其祖先寄居歐洲已有近千年的歷史，為了避免迫害，還在歐陸遷徙了數千公里。西格蒙・佛洛伊德的父親在祖先離開故土二千年後，仍謹守猶太人傳統的儀式，這使得西格蒙終生牢記他是一個猶太人，連他的最後著作《摩西與一神教》也是在探討猶太民族的歷史與終極存在問題。這豈不就是老子所說的「善建者不拔，善抱者不脫，子孫以祭祀不輟」？

華人，特別是移民海外的華人經常被拿來和猶太人做類比，但稍一比較，就知道差別其實很大，中國人自詡「重視傳統」，在國家富強興盛、個人飛黃騰達時，搶著將傳統文化視為傳家寶，熱情擁抱、不遺餘力地歌頌吹捧，這一點也不足為奇；重點是在民敝國衰、落難困頓時，很多人馬上就「子嫌母醜、狗嫌家貧」，毫不留情地怪罪、詆毀傳統，甚至想完全拋棄、消滅它們，史跡斑斑可考。而移民海外的華人（特別是二十世紀之後），他們在兒子誕生時，會舉行漢民族的儀式嗎？會在家譜裡以傳統漢曆記載這件事嗎？恐怕連家譜都沒有吧？但他們離開故土不過幾十年！這怎麼好意思說自己「重視傳統」呢？

當然，有人也許會辯解，他們重視的是內在的價值觀，而非外在的儀式，但這，又有誰知道呢？如果沒有具體的行為，而只剩下一些空洞的概念，那即使不是「偽建者」與「偽抱者」，一旦面臨挑戰，也很容易就鬆動、脫落。

真正重視傳統，不能只是靠一支筆、一張嘴在那裡大言不慚地耍嘴皮，而必須在自己身上和家裡具體力行，能做到這點，「其德乃真」。而且還要像老子所說，從個人、家庭擴展到鄉里、整個社會，代代相傳，綿延千年，「不拔不脫」，這樣才能顯現它們的德澤，散發耀人的光彩。

中國人和猶太人在人類文明的進展方面為什麼會有不同的表現？原因可能很多，而兩千多年前的老子，就告訴了我們一個重要的原因：從兩個民族的個人、家庭與社會對其傳統信念與儀式的不同態度，就可以知道個大概。傳統信念不是高掛在雲霄，而是要落實在日常生活裡，具體地加以實踐。

第五五局 ●○ 比於赤子：永遠當嬰兒或返老還童？

含德之厚，比於赤子。毒蟲不螫，猛獸不據，攫鳥不搏。骨弱筋柔而握固。未知牝牡之合而全作，精之至也。終日號而不嗄，和之至也。

知和曰常，知常曰明。益生曰祥。心使氣曰強。物壯則老，謂之不道，不道早已。

含德深厚的人，就好比天真爛漫的嬰兒。毒蟲不會刺傷他，猛獸不會撲捉他，凶鳥不會搏擊他。他的筋骨雖然柔弱，拳頭卻握得很牢固。不知道兩性交合，生殖器卻常常勃起，這是精氣純正的緣故。他整天號哭，聲音卻不會沙啞，這是和氣純厚的緣故。

認識自然的和諧之氣叫做「常」，認識「常」叫做「明」。貪求生活享受叫做「災殃」，用意念指使精氣叫做「逞強」。事物過分壯大，就會趨於衰老，這叫做「不合乎道」，不合乎道，很快就會結束。

以前看過一則報導說，在美國某個鄉村，一位年輕的媽媽進屋後，發現她的小寶貝安靜地坐著，張大眼睛好奇地看著離他不遠處盤旋在地上的一條毒蛇。年輕媽媽嚇出一身冷汗，連忙抱起嬰兒退後，而那條毒蛇則昂然抬起頭來，作勢欲撲，但隨即快速溜走。

這似乎就是老子所說的「毒蟲不螫，猛獸不據，攫鳥不搏」，為什麼能如此呢？因為嬰兒無知無識，對萬物沒有愛憎、恐懼、攻擊或防衛的差別心，他自然質樸、天真無邪地看待毒蛇，所以毒蛇也就沒有防他、傷他之意，兩者之間於是一片和諧。

老子認為含德深厚的人就像嬰兒般天真質樸，不只萬物不會傷害他，而且還精氣純正、和氣純厚，他特別舉了嬰兒的三個特徵來做為佐證。先說「號而不嗄」，我想很多人都有過「強顏歡笑」的經驗，勉強自己在人前露出笑容，久了就會覺得肌肉「很痠」，因為那種笑不自然，是「裝」出來的。那嬰兒為什麼哭整天卻不會聲音沙啞呢？因為他們的哭泣是自然的反應，各部位和諧協調，不做作就不會帶來傷害。

一定有人會覺得這很有說服力，並佩服老子的觀察入微。其實，醫院小兒科門診多的是因為哭太久聲音變沙啞而來求診的病例；被蚊蟲叮咬而皮膚紅腫、潰爛的嬰幼兒更比比皆是，還有被蟑螂、老鼠咬傷的……老子的說法其實「漏洞很大」。至於「陰莖勃起」，的確經常可見，但大部分是嬰幼兒因好奇摸索，受刺激而勃起；也有因褲子太緊、棉被太暖、包莖、不衛生、蟯蟲症而導致勃起的，說它來自「精氣純正」，似乎是太一廂情願了。但這總比精神分析大師佛洛依德認為幼兒因玩弄陰莖而勃起，被父母呵斥而產生「去勢焦慮」的觀點（搞得大家都變得很焦慮）要「自然」與「純正」得多。

被老子拿來證明其觀點正確的所謂「普遍現象」，往往只是他的「選擇性認知」與「想當然耳」。我說這些，並不是要揶揄老子或故意找碴，而是覺得不管是誰說的，我們都要自己再思考，並加以辯證。但對老子接下來所說的我就非常贊同，而這才是他的重點：我們不僅要和萬物、更要讓自己的身和心維持自然和諧的關係（知和曰常），不要逞強或勉強自己用意念去指使精氣（心使氣曰強），譬如不想笑卻拚命擠出笑容、無法勃起卻一再在那裡捻三弄四，也就是純任自然、不做作。這當然會讓人聯想到天真無邪的嬰兒，老子之所以會對嬰兒做那麼多著墨，主要因為嬰兒乃最接近自然質樸的生命狀態。

有不少人也都提過嬰兒。譬如儒家的孟子說：「大人者，不失其赤子之心也。」德國哲學家尼采則把「嬰兒」當作他「精神三變」裡的第三變。但孟子的「赤子之心」比較偏重心思上的純真善良，也就是在有所成就（大人者）後，仍保有善良的心性。而老子的嬰兒卻是「無心」的，基本上是無知無欲的；而且他接下來所說的「物壯則老，謂之不道」，似乎給人這樣的感覺：在人生的旅途裡，老子並不想有所壯大，去追求或成就什麼，而是希望人們能一直保持嬰兒般的天真質樸。

但我們不可能永遠當嬰兒，更不應該「拒絕長大」。其實，老子在第二八局裡就提過「復歸於嬰兒」，他應該是希望大家能「反璞歸真」，在人生的旅途裡，因虛矯做作而感到勞苦疲累時，能放下各種渴望、盤算、計較和顧慮，回歸嬰兒的天真無邪、自然質樸。尼采的「精神三變」正也有這種意思：尼采認為理想人生的第一個階段是先成為「駱駝」——雖然溫馴，但卻背負重擔、吃苦耐勞；第二個階段則變為「獅子」——勇猛而積極，有自己的主張，反抗各種束縛、掃除擋路的障礙；第三個階段才回歸為「嬰兒」——以天真無邪、質樸自然的心態去生活。雖然對「人生要怎麼過」，老子和尼采的看法有很大的差異，但他們都覺得「反璞歸真」是最高與最後的境界，也許這也是人類這種生物在地球上東奔西走這麼久後，心裡共同的想望吧？

理想的人生不是永遠當無憂無慮的嬰兒，拒絕長大；而是在長大成熟、南征北討後，能返老還童。

第五六局 ●○ 和光同塵：縱浪於自然與眾生之中

知者不言，言者不知。塞其兌，閉其門，挫其銳，解其紛，和其光，同其塵，是謂玄同。故不可得而親，不可得而疏，不可得而利，不可得而害，不可得而貴，不可得而賤。故為天下貴。

真正了解的人不會多說，喜歡多說的人並不了解。塞住言語出口，關閉感官入徑，收斂鋒芒銳氣，排除紛紜雜想，與眾人同光，隨世俗浮沉，這就是玄妙的同化世界。能夠達到這種境界，人們無從與他親近，也無從與他疏遠；不能讓他得利，也不能讓他受害；無法使他高貴，也無法使他卑賤。所以被天下人所貴重。

弈後語

辛棄疾有一首詞：「少年不識愁滋味，愛上層樓。愛上層樓，為賦新詞強說愁。而今識盡愁滋味，欲說還休。欲說還休，卻道天涼好個秋！」年紀愈大，愈能了解箇中況味。以前年少輕衫薄，覺得自己特別多愁善感，總喜歡藉文字來抒發情感，什麼「憂歡」啊、「悲悵」啊；但現在飽嚐且識盡愁滋味，卻已懶得開口、不想多說。這正是老子所說的「知者不言，言者不知」。

所謂「半瓶水，響叮噹」，一個人為什麼會喜歡說些有的沒有的，主要是想讓人感覺他很了不得，是個有別於庸碌之輩的「知者」。但真正的「知者」，就像老子所說不僅「不言」，而且還不想凸顯自己，他會和芸芸眾生「同化」，消融於塵世中。老子用了一組漂亮的說辭，「和其光」這句特別有意思——我們好像共處於一間暗室中，每個人手上都拿著一根蠟燭，大小、顏色不一，當它們被點燃後，整個房間立刻光明無比，雖然每根蠟燭有不同的亮度，但都為黑暗帶來光明做出貢獻，分不出哪個是你的光或我的光，這就是「和其光」。對人生如果能有這種體認，那麼「同其塵」（隨世俗浮沉）就有了陶淵明「縱浪大化中」的瀟灑味道。

這種與眾生和自然的「同化」，跟「塞其兌，閉其門，挫其銳，解其紛」其實是一體的兩面，互為因果——一個人若能消弭個人欲念、收斂鋒芒，就較能與他人「和光同塵」；反之，能與他人「和光同塵」，自然就會淡化個人色彩，不露鋒芒、沒有自我中心的雜念。

但能達到這種境界的人並非就「面目模糊」，其實我們反而一眼就能「看」出來。想當年我到台北讀大學後，有一次到城中，在武昌街人來人往的騎樓下，看到一個擺書櫃賣詩集的清癯中年人，立刻被他所吸引。他是那樣的寧靜安詳，在紛紜雜沓的環境裡不受打擾、也不打擾他人，彷彿是個獨立的存在，但又與四周融合為一，「和光同塵」，成為街景的一部分。後來經人告知，才曉得他就是詩人周夢蝶。再後來聽說他常被文人雅士邀請到旁邊樓上的明星咖啡屋，他也不拒絕，但在大家你一言我一語時，他總是聽得多、說得少，偶爾動筆寫些字，也寫得很慢很慢。

又後來，與周夢蝶見過幾次面，在近距離接觸後，更感覺他就是老子所說的「不可得而親，不可得而疏，不可得而利，不可得而害，不可得而貴，不可得而賤」，因為他已經超越了親疏、利害、貴賤這些分野，他就在你面前，也許還會對你微微一笑，但你心中明白，任何力量都動搖不了他的。

這樣的人不只受人貴重，也讓人心嚮往之。

第五七局 ●○ 自化自富：對人民的相信與尊重

以正治國，以奇用兵，以無事取天下。吾何以知其然哉？以此：天下多忌諱，而民彌貧；朝多利器，國家滋昏；人多伎巧，奇物滋起；法令滋彰，盜賊多有。故聖人云：「我無為，而民自化；我好靜，而民自正；我無事，而民自富；我無欲，而民自樸。」

弈後語

治理國家要用正道，用兵打仗要用奇變，取得天下要不刻意為之。我怎麼知道應該如此呢？是根據下面幾點：天下的禁忌愈多，百姓就愈陷於貧困；政府的權謀愈多，國家就愈陷入昏亂；人們的智巧愈多，離奇古怪的事情就愈多；法令訂得愈細，盜賊反而變多。所以聖人說：「我不刻意妄為，人民就自我化育；我喜歡清靜，人民自然按正道而行；我不去攪擾，人民自然富足；我沒有個人欲望，人民就能保持質樸的本性。」

一九五四年，胡適在台大的一次演講中說，老子提倡的是「無政府主義」。對這種說法，相信很多人一定無法苟同，譬如這一局劈頭就是「以正治國」，怎麼能說他是個無政府主義者呢？老子對當時的政府和統治者的確非常失望，也提出很多嚴厲的批評，但翻遍整部《道德經》，看不出老子有推翻政府、廢掉政府的意思。不過話說回來，老子主張的「無為而治」，的確也是「無政府主義」的一個理想——政府如果不得不存在，那就退而求其次，她最好是「無為」，不要去干涉人民的生活。

「以正治國」其實就是「以道治國」（正道），應該是為了與接下來的「奇」（以奇用兵）相對應，才用了「正」字；就好像隨後的「以無事取天下」的「無事」就是「無為」。「道」的本質也是「無為」，只要我們不在字面上糾纏，老子在這一局要談的還是「無為而治」。為什麼不能讓政府「有為」呢？老子提出了理由：因為統治者愈搞權謀、禁令愈多、愈誇耀奇技淫巧，國家就愈昏暗、人心愈狡猾、社會愈動盪不安，所以理想的統治者（聖人）和政府應該要無為、好靜、無事、無欲，也就是盡量不要去干涉、騷擾人民。

這些，老子在前面其實也都說過，但這一局則更進一步指出，政府的無為、好靜、無事、無欲，可以讓人民自化、自正、自富、自樸。從這四個「自」字，我們可以強烈感覺到老子對人民的相信與尊重，相信人民是自動自發的、有能力處理自己的問題，有求好之心、也能自我反省。統治者只要不胡作妄為、沒有私心，尊重人民的意願、不橫加阻擾，那麼人民就能各自發揮所長，彼此協調合作，形成一個安和樂利的社會。

這其實也是西方「無政府主義」的基本立場：否定政府及權威存在的必要，並不是要讓社會陷入混亂、虛無、道德淪喪的狀態，而是在肯定人性的善良與理性，相信人有合群互助的本能，當專制、剝削不公不義的法律和制度被廢除後，人們可以自由、自然地群聚，自動自發建立起他們想要的社會秩序和環境，過著自在滿足的生活。胡適甚至認為，西方的「無政府主義」以及限制政府權力的「不干涉主義」等思潮，多少是受到老子思想的啟迪（《道德經》的譯本很早就流傳於歐陸）。

當然有這種可能。歐羅克說：「今天的問題不是如何讓政府運轉，而是要如何讓它停止運轉。」老實說，今天不管哪個國家，我們都已無法讓政府「停止運轉」，但政府想「快樂自轉」也不可能，在政府與人民、團體與個人間，「有為」與「無為」的理想分界在哪裡，在兩千多年前老子開的第一槍後，到現在依然餘音繚繞。

第五八局 ●○ 禍福相倚：在流變中保持自我

其政悶悶，其民淳淳。其政察察，其民缺缺。

禍兮福之所倚，福兮禍之所伏。孰知其極？其無正！正復為奇，善復為妖。人之迷，其日固久。是以聖人方而不割，廉而不劌，直而不肆，光而不耀。

為政寬厚，人民就淳樸。為政嚴苛，人民就狡詐。

災禍啊！幸福就依傍在它旁邊；幸福啊！災禍就藏伏在它裡面。誰知道它們的究竟？它們並沒有一個定準！正忽而轉變為邪，善忽而轉變為惡，大家的疑惑已經很久了。所以聖人保持自身方正，而不會生硬強求他人；保持自我的銳利，卻不會傷害他人；保持自我的率直，卻不會放肆；保持自我的明亮，卻不會刺眼。

當我們失意挫折時，很多人都會用「塞翁失馬，焉知非福？」來安慰我們，而也頗具心理建設性。但我們要看故事的完整版，才能了解它真正的涵義。故事出自《淮南子》：

塞上一位精於騎術的老翁，他所養的一匹馬忽然脫逃，跑到北方胡人境內。親朋好友都來安慰他。塞翁說：「丟了馬是壞事，但誰知道它不會變成好事呢？」過了幾個月，那匹馬居然帶著一群胡人的駿馬回來。親友又都來恭喜他。塞翁說：「這雖是好事，但誰知道它不會轉為禍事呢？」家裡現在有很多良馬，塞翁的兒子喜歡騎著牠們出遊，有一天不小心摔下馬來，跌斷了大腿骨，變成跛子。親友又都來安慰他。塞翁說：「這雖是禍事，但誰知道它不會變成一種福氣呢？」過了一年，北方胡人大舉入侵，壯年男丁都被徵召去打仗，塞上男子十個裡面有九個戰死，但塞翁的兒子卻因為跛腳而倖免於難，父子都平安地保住了性命。

這正是老子所說的「禍兮福之所倚，福兮禍之所伏」。《淮南子》的故事就說到此為止，其實它還可以不斷觀察下去，甚至追到子孫八代，然後我們就會發現一件事或某種作為到底是福還是禍，那要看人站在什麼「時間點」去衡量，今天被認為是「好事」的，一年後可能變成了「壞事」，但五年後又被譽為「洞燭先機之壯舉」，二十年後卻又淪為「實乃今日之禍端」，五十年後……。這正是老子所說的「孰知其極？其無正！」如果一直追究下去，那麼一件事到底是福是禍根本就沒個定準。同樣的道理，今天的「正」可能變成明天的「邪」，到了後天，可能又被認為是「正」；而今日的「善」，其實是昨天的「惡」……。

這種流變轉化，不只對事，對人也可以成立。今天的正人君子，明天可能變成邪惡小人；而今天的大善人，在以前卻是個大惡人。它們的流變轉化也不只是「時間」上的，還包括「量」上的，譬如極端的「正」，可能就是一種「邪」，過度的「善」、特別是對「善」的過度要求，其實也是一種「惡」。

但這樣一來，不是凡事都失去了準則，讓人更加迷惑、更加無所適從嗎？這當然不是老子的用意，他其實是要奉勸主政者和一般人：世事與人生並非簡單的直線，我們不要太自以為是、一廂情願，做人做事都要有相當的彈性，但在流變中也不能失去自己的本性和原則。也就是他在最後所說的——保持自身方正，但不會去強求他人；保持自我的銳利，卻不會傷害他人；保持自我的率直，但不會放肆；保持自我的明亮，卻不會刺眼。凡事盡其在我，先做好自己，至於是福是禍、是好是壞？那就不必去計較。

最前面一段「其政悶悶，其民淳淳。其政察察，其民缺缺」，其實是上一局的延續，但放在這裡，也可以做如下理解：人生也好，政治也好，都無法照我們的意志或情感而行，其中有很多我們無法掌控、預知的流變。所以，順勢而為、隨遇而安才是明智的做法。

第五九局 ●○ 深根固柢：不要把珍惜當成吝嗇

治人事天，莫若嗇。夫為嗇，是謂早服，早服謂之重積德，重積德則無不克，無不克則莫知其極，莫知其極，可以有國；有國之母，可以長久；是謂深根固柢，長生久視之道。

管理眾人、養護身心，沒有比節制省約更好的方法。節制省約，可以說是早做準備，早做準備就是不斷的積德，不斷積德就沒有什麼是不能勝任的，沒有什麼不能勝任就無法估計他的力量；無法估計他的力量，就可以擔負保護國家的責任；掌握了治理國家的原則，就可以長治久安；這就是根深柢固，長生久存的道理。

弈後語

「吝嗇」這個詞有點負面，讓人聯想到小氣、守財奴、放不開，甚至刻薄寡恩等等。老子勸我們「治人事天，莫若嗇」，似乎顯得不合時宜。其實在古代，「嗇」有儲藏、儉約、珍惜之意，它是一個正面的用語與行事風格。

漢文帝和他的兒子漢景帝，雖然貴為皇帝，但生活卻非常儉樸，皇宮裡的車騎服飾等用品都鮮少增添；影響所及，官僚百姓也都不敢奢侈浪費。治國方針則簡單為上，輕徭薄賦，盡量讓百姓休養生息；在外交政策上也走保守路線，崇尚和平，對北方匈奴不輕啟戰端，以免耗損國力；經過幾十年的積累，物阜民豐，史稱「文景之治」。他們的表現就是老子所說的「嗇」，而他們的積累實力，為後來漢武帝大展鴻圖做好準備、打下基礎，正是老子所說的「早服」與「重積德」。

當然，節儉跟吝嗇、珍惜與小氣的分野在哪裡，恐怕是見仁見智。而現在甚至有不少專家學者認為：省吃儉用、節制欲望、珍惜資源就是在降低消費，它們只會使經濟陷入停滯，讓社會變得死氣沉沉；我們若想要活絡經濟，讓社會欣欣向榮，就必須豪邁揮灑、寬鬆欲望、增加各方面的消費。當然，也另有專家學者跟老子一樣，認為這其實是在寅吃卯糧，掏空自己、社會與自然的資產，會禍延個人與子孫的未來。

政治經濟學的爭論總是沒完沒了，我們還是把重點放在個人身上。老子的這番話提醒我們，在這個鼓吹消費的時代裡，大家不能被洗腦，把「節儉」視為「小氣」、把「珍惜」看成「吝嗇」，對於它們的分野，自己應該有自己的一套看法。而我們要節儉與珍惜的不只是金錢、食物、日用品、水電等有形、可以計量的東西，還包括時間、精力、心神、欲望、生命等無形、難以計量的項目。但有些——特別是跟心靈能力相關的項目，譬如仁慈、愛、品德等，它們並非有固定的量，用了就會減少，而是愈付出就愈能孳生出更多來，在這方面就不必節儉，反而應該多多付出，這樣才是真正的「重積德」。

不管珍惜、節省、儲藏、開發、積累的是什麼東西，最後都必須轉而做其他方面的運用，即使自己不用，也可留給後世子孫運用，這樣才有意義。老子在文末所說的「是謂深根固柢，長生久視之道」，讓人聯想到某些道家修煉者的「長生不老之術」，他們鼓吹以辟穀（斷食）、禁欲、不動心等來儲存精力，好讓自己長命千歲。但像這樣什麼都不做、什麼都不動心，活那麼久到底是為了什麼？又有何意義？所以，我認為節省、貯存的生命能量或精力應該加以「昇華」，從事一些有意義或最少是自己喜歡的活動，這樣才不會「暴殄天物」，也比較符合自然之道。

第六十局 ●○ 大國與小鮮：不騷擾、不剝削的治理之道

治大國，若烹小鮮。以道蒞天下，其鬼不神；非其鬼不神，其神不傷人；非其神不傷人，聖人亦不傷人。夫兩不相傷，故德交歸焉。

治理大國，好像在煎小魚。用「道」來治理天下，鬼怪就起不了作用；不但鬼怪起不了作用，神祇也不會干擾人；不但神祇不干擾人，聖人也不會干擾人。鬼神和聖人都不干擾人，人民就能相安無事。

弈後語

在美國，雷根是非常受到人們愛戴的一位總統，他在一九八七年的國情咨文裡，引用了「治大國，若烹小鮮」這一句話。據報載，《道德經》的英文翻譯本因此而洛陽紙貴，在那幾天內，多賣了好一些。而在今日河南，相傳是老子騎青牛經過的函谷關太初宮門廊裡，還掛著一幅雷

根發表國情咨文時的照片。

雷根會提到老子，應該是頗為贊同老子的治國理念。從現代的角度來看，「治大國，若烹小鮮」可以說是古典民本思想與自由主義的極佳比喻。在戰國時代，〈韓非子・解老篇〉就對這句話做了解析：「烹小鮮而數撓之，則賊其澤；治大國而數變法，則民苦之。是以有道之君貴靜，不重變法。」意思是說烹小鮮時，若一再翻攪，就會傷害牠的光澤，引申為治國不要一再去騷擾人民。漢朝的《河上公注》更進一步指出：「鮮，魚。不去腸，不去鱗，不敢撓，恐其靡也。」小鮮就是小魚，烹小魚的時候，為了不讓小魚碎爛，不只不能一再翻攪，還不能剝魚腸、去魚鱗，意思是不只不要過度去騷擾人民，更不可隨意剝削人民。它很傳神地表達了老子無為而治的基本精神，人民在不受干擾或有限度的法令下，擁有充分的自由與自主性。

這種治國方式不只符合自然之道，老子還進一步指出，只要依正道而行，國泰民安，那麼什麼鬼啦、神啦就會站到一邊去，發揮不了嚇唬或保護的作用。在這裡，老子又再度清楚表明他是一個理性的無神論者。孔子說：「敬鬼神而遠之。」他避談鬼神，但老子根本就不相信鬼神的存在，既不需要一個上帝或神來創造宇宙與萬物，也不需要借鬼神來彌補世間的不公不義，更不需要借鬼神來恫嚇人民，要大家聽命於統治者。因為他相信這個世界上真實存在、而且可以依靠的就是自然之道，只要遵循自然的無為之道，不去騷擾人民，讓大家人盡其才，社會安和樂利，覺得命運就掌握在自己的手中，這樣對「超自然力」就不會有什麼需求，也不必渴望有什麼鬼神的存在。無需求、不渴望，什麼鬼啦神啦自然就不會來騷擾你。

在春秋戰國時代，鬼神信仰相當普遍，除了民智未開外，生活的煎熬亦是一大因素。一般說來，政治越黑暗、社會越混亂，鬼神與宗教信仰就會越受到強調，而它們又轉而干擾個人的生活；老子很早就看穿了這樣的本質，所以在他心目中的理想社會裡，既不需要、更不希望有鬼神的介入。他只希望統治者能像深諳自然之道的聖人，「治大國，若烹小鮮」。

說到這裡，忽然想到雷根總統的夫人南茜非常相信靈媒與占星術，在為雷根安排行程時，常需聽取這些「超自然」的意見，而雷根似乎也不反對。就這點來說，我覺得老子比這位美國總統更理性而自由，他，還有更多的現代領袖，都依然需要向老子學習。

第六一局●○ 靜定謙下：讓大者信任、小者擁護的法寶

大國者下流，天下之交，天下之牝。牝常以靜勝牡，以靜為下。故大國以下小國，則取小國。小國以下大國，則取大國。故或下以取，或下而取。大國不過欲兼蓄人，小國不過欲入事人。夫兩者各得所欲，大者宜為下。

弈後語

大國要像江海居於下流，為天下所歸匯，要自居於天下雌柔的位置。雌柔常常以靜定而勝於雄強，因為靜定又能處下的緣故。所以，大國能用謙下的態度對待小國，就可得到小國的擁護。小國能用謙下的態度對待大國，就可得到大國的信任。所以，國家不分大小，有的靠謙下來得到擁護，有的靠謙下來得到信任。大國不過是想要會聚小國，小國不過是想要見容於大國，這樣兩者都可以達到願望。大國尤其應該謙下。

每個時代都有每個時代的局勢和問題。在老子那個時代，周王朝已日漸式微瓦解，大小諸侯林立，互爭雄長，他上面這段話顯然是針對時勢有感而發。在我們這個時代，中國已分裂成一大一小的中華人民共和國和中華民國，兩岸關係成了棘手問題，老子的這番話更值得大家深思。

不管大國或小國，老子認為都應該以謙下、柔靜的態度來對待對方，這是他一貫的立場，既符合自然之道，更是理想的外交政策。大國如果以高傲、威壓的方式強迫小國就範，那通常會造成反彈，留下無窮禍患；反之，小國若不甘示弱，以強硬的態度去挑釁大國，那通常也只會自取其辱，甚至滅亡。

戰國時代的孟子，在這方面跟老子有頗為類似的觀點。當齊宣王問他：「交鄰國有道乎？」孟子回答：「有。惟仁者為能以大事小……，惟智者為能以小事大……。以大事小者，樂天者也；以小事大者，畏天者也。樂天者，保天下；畏天者，保其國。」（梁惠王篇）孟子所說的「事」就是「謙下」的態度，而「天」則接近老子所說的「道」；但他還是跟老子有所不同，身為儒家學者，他說大國對小國謙下是「仁」、是樂於奉行「天道」，讓天下歸附；而小國對大國謙下則是「智」、是敬畏「天道」，能保有其國。我認為孟子講得比老子要來得具體，而在兩岸關係中，大陸要如何對待台灣，非我們所能決定；但台灣若想「見容」於大陸，「保有其國」，的確需要發揮很大的「智慧」，絕不可逞一時之快。

其實，不只大國與小國之間，大企業與小公司之間、上司與下屬之間也都適用老子所說的「彼此謙下」的態度。上位者對下位者「謙下」，雖然較難做到，卻較容易得到好評，劉備對諸葛亮「三顧茅廬」就是一個很好的例子，諸葛亮在《出師表》裡提到這件事時，還念念不忘地說他「由是感激，遂許先帝以驅馳」，然後「鞠躬盡瘁，死而後已」，受到千古傳誦。但下位者對上位者「謙下」，雖然容易，卻也常被認為是在諂媚、拍馬屁，譬如孟子在提到「以小事大」時所舉的勾踐，有人就認為他對夫差的侍奉形同拍馬屁（有一次還舔夫差的大便以辨別症狀）。有時候，我們的確很難分辨「謙下」或「諂媚」，關鍵在於他是否能有老子所說的「靜」——如果他舉止浮躁、眉飛色舞、花言巧語，那就是「諂媚」；如果他安靜而淡定，即使是舔大便，那也應該是「謙下」，甚至是孟子所說的「智者」。

以小事大，最不智的是怕被人家認為自己是在屈膝諂媚，所以反而故意虛張聲勢、螳臂擋車、以卵擊石，結果就真的讓自己陷入險境。老子的這些觀點，的確值得我們深思。

第六二局●○萬物之奧：庇護來自自我的覺醒

道者萬物之奧。善人之寶，不善人之所保。美言可以市尊，美行可以加人。人之不善，何棄之有？故立天子，置三公，雖有拱璧以先駟馬，不如坐進此道。

古之所以貴此道者何？不曰：求以得，有罪以免邪？故為天下貴。

「道」是萬物的庇護，善人珍貴它，不善的人也要依靠它。美好的言詞可以得到尊榮，高貴的行為可以受人敬重，縱然是不善的人，又何必捨棄「道」呢？所以，在天子即位、三公就職時，雖然舉行先奉拱璧、後上駟馬的獻禮儀式，還不如用「道」來做為獻禮。

古時候為什麼重視「道」呢？不正是因為求它庇護就可以得到滿足，犯了罪過也可以得到它的赦免嗎？所以才被天下人所貴重。

這一局雖然也是在談「道」，但卻讓人嗅到一股濃厚的宗教氣息。「道」不只是萬物所由生，還是萬物的庇護（奧），這個庇護就有宗教的意味。不過它還是跟基督教、佛教等不太一樣。

老子說的「善人」，指的是相信、了解「道」、言行符合「道」的人，他們感受「道」的種種好處，自然會珍貴「道」。老子的「善人」跟一般所說的好人（善良的人）有很大的交集，不管是善人或好人，他們的嘉言善行都能夠得到大家的尊榮。但「道」不只庇護這些善人和好人，對「不善人」，也就是不相信、不了解「道」、言行背離「道」的人，他們的生命活動還是要依靠「道」的運作，「道」還是會保護他們。

耶穌說：「我就是道路、真理和生命。」好像他就是「道」的化身，「信我者得永生」，但不相信他的人呢？恐怕就要被拋棄、甚至下地獄了。而「佛門雖大」，同樣是「不度無緣之人」。老子的「道」雖然無親，卻不管你是相信它或不相信它、珍貴它或拋棄它，它都一視同仁，給予同樣的庇護。所以，即使不了解「道」，又何必一開始就自斷活路、捨棄「道」呢？老子甚至建議，在安邦定國的傳承儀式裡，應該把「道」當作貴重的禮物來傳承，將它奉為治理國家的最高指導原則。

但「道」是無形的，要怎麼把無形的東西當作獻禮呢？這讓我想起在美國總統就職典禮上，總統須手按《聖經》宣誓的儀式。有人認為美國治國的最高指導方針是美國憲法而非《聖經》，所以主張應該以美國憲法來取代《聖經》；但我想西方領袖手按《聖經》宣誓，除了沿襲過去的傳統外，恐怕也有《聖經》是代表「天道」，而憲法只代表「人道」的涵義。雖然說「道可道，非常道」，在老子的理想國度裡，他這本《道德經》恐怕是最接近西方《聖經》的一個獻禮或儀式裡的一個證物吧？

雖然《道德經》和《聖經》內容有很大的差異，所代表的「道」也不一樣，但兩者都認為大家只要相信它、遵循它，祈求就能得到滿足，罪過就能得到赦免。「求以得，有罪以免」這兩句，讓我想起小時候在教堂前面看到的「信耶穌的人得永生」、「主將赦免你的罪」等宗教標語。當然，並不是說你「信」了，就能立刻「得到」什麼或「免於」什麼，它主要還是要靠個人的反躬自省、身體力行。

也許，人生在世，難免會有一些宗教上的渴望、需要一些宗教寄託。在這裡，我們似乎看到了這樣的一些蛛絲馬跡。但我以為，老子只是個哲學家，而非宗教家，更不想當救世主，他需要的不是世人的皈依、信仰與膜拜，而是自我覺醒。

第六三局●○事無事，味無味：從容易與細微處著手

為無為，事無事，味無味。大小多少，報怨以德。圖難於其易，為大於其細。天下難事，必作於易；天下大事，必作於細。是以聖人終不為大，故能成其大。夫輕諾必寡信，多易必多難。是以聖人猶難之，故終無難矣。

要把「無為」當作「為」，把「無事」當作「事」，把「無味」當作「味」。把小事看成大事，把少的看成多的，要用美德去回應他人的怨恨。

解決困難要從它還容易時就謀畫，做大事要從細小處做起。天下的難事都是從容易發展起來的，天下的大事都是從細小處步步形成的。因此聖人始終不貪求做大事，反而能夠成就大的功業。輕易許諾的，必定難以兌現；把事情看得太容易，肯定會遇到更多的困難。聖人把問題看得很困難，所以終究不會有困難。

弈後語

民初名士李叔同在落髮為僧，成了弘一法師後，生活方式有了一百八十度的轉變，從風流倜儻變成雲水苦行，由珍饈美食改為粗茶淡飯。有一天，好友夏丏尊去探望他，看他只喝白開水，忍不住問：「難道沒有茶葉嗎？怎麼喝這麼平淡的開水？」弘一法師笑著說：「開水雖淡，淡也有淡的滋味。」

這就是「味無味」。所謂「為無為，事無事，味無味」，不只要打破世俗「有」與「無」的二元對立，而且要把「無」翻轉成「有」，品嚐出沒有味道裡的味道，以無所事事的方式把事情辦好，看似「無為」其實是大有作為，這樣才是更高的境界。有了這種認識，什麼大小、多少、德怨，其實也就沒有什麼分別，但更理想的情況是能把小事看成大事、少的看成多的，以美德去化解仇怨。

更有進者，對大與小、多與少、難與易這些二元觀念，我們不只要超越它們的對立性，還要了解它們的流變性，小事積累多了，就會變成大事；容易的事情拖久了，就會變困難。量變最後會帶來質變，所以對不好的事情，我們要見微知著、防微杜漸，在事情還沒有變困難之前、還在容易的階段時，就要著手去解決；對好的事情，我們要知道大處著眼、小處著手，目標可以遠大，但成功卻是來自一點一滴的累積。

有一則關於藝術大師米開朗基羅的故事說，無論是雕刻或繪畫，為了力求完美，他都會花很多時間去反覆琢磨，一改再改。有位朋友好幾次去拜訪他，發現他都在修飾同一尊雕像，朋友忍不住說：「你的工作好像一點都沒有進展嘛！」米開朗基羅回答：「我花很多時間來修整，是想讓雕像的眼睛更有神、皮膚更亮麗、肌肉更有力。」朋友不耐地說：「唉呀，這些都只是一些小細節嘛！」米開朗基羅嚴肅地說：「沒錯，這些都是小細節。不過若能把所有的小細節都做好，那就會變得完美了。」偉大的完美就是建立在微小的細節上，只有注意細節，把每個細微末節都當作一個難題，認真看待與解決，才能成就偉大。

很多人立志要做大事，對小事和瑣事則興趣缺缺。德國大文豪歌德說：「不要做小夢，因為它們沒有力量撼動人心。」這聽起來的確讓人意興風發，但我想老子會喜歡米開朗基羅更甚於歌德，因為他知道，自然告訴我們：要完成偉大的事情不是靠衝動，而是集合了一系列的小事與瑣事。認真把小事做好，就是偉大的功課。

能像弘一法師般「味無味」，像米開朗基羅般「做於細」，那人生將更加豐富，生命的深度和廣度也都可獲得提升。

第六四局 ●○ 千里之途：用平常心當個先行者

其安易持，其未兆易謀。其脆易泮，其微易散。為之於未有，治之於未亂。合抱之木，生於毫末；九層之台，起於累土；千里之行，始於足下。為者敗之，執者失之。是以聖人無為故無敗，無執故無失。民之從事，常於幾成而敗之。慎終如始，則無敗事。是以聖人欲不欲，不貴難得之貨；學不學，復眾人之所過。以輔萬物之自然而不敢為。

情況安定時容易持守，事情沒有發生前容易圖謀。脆弱的事物容易瓦解，微細的東西容易飄散。所以，要趁事情未發生前就處理妥當，要趁禍亂未出現前就早做準備。

合抱的大樹，是從細如針毫的芽苗長成的；九層的高臺，是一筐土一筐土築起來的；千里的行程，是腳下一步一步邁出來的。

刻意作為的將會失敗，人為把持的必然落空。所以，聖人無所作為，就不會失敗；無所把持，就不會落空。世人行事，往往在接近成功時反而失敗了，一件事情結束時如能跟開始時一樣謹慎，那就不會遭致失敗。所以聖人想要的是世人不想要的，他不看重稀有的東西；想學的是世人不要學的，他補救世人所犯的過錯。聖人這樣做，是順應萬物的自然本相，而不是一己的作為。

弈後語

人生在世，不可能無所作為。老子的「無為」，除了無心之為外，亦有自然而為之意。無心就是自然而然，所以，無心之為就是自然而為，也就是上一局所說的「為無為」。在這一局，老子更進一步告訴我們，要如何「為無為」。

因為自然是「其脆易泮，其微易散」，所以想順著自然而為，就是要「為之於未有，治之於未亂」，也就是說，既然要做，那就要防微杜漸，當壞事剛露出苗頭時，就要立刻處理，否則積重難返，最後將尾大不掉。而更高明的是要防患於未然，在連個苗頭都還沒有時，就要未雨綢繆，先行處理。晚一步做，不如早一步做。

其次，自然是「合抱之木，生於毫末」，我們要效法自然就要「九層之台，起於累土」，千里路途也要靠一步一步走出來。羅馬不是一天造成的，所有偉大的事物都來自一點一滴的累積。〈荀子・勸學篇〉有一段話：「故不積跬步，無以至千里；不積小流，無以成江海。」跟老子的說法有異曲同工之妙，但荀子馬上據此引申出：「騏驥一躍，不能十步；駑馬十駕，功在不舍。鍥而舍之，朽木不折；鍥而不捨，金石可鏤。」——勸大家要有堅強的意志力，只要鍥而不捨、努力不懈，就能用勤補拙，達成艱難的目標。從這裡我們就可以看出道家和儒家的一個重要差別：

老子雖然要我們效法自然，但馬上又提醒我們：「為者敗之，執者失之。」意思是勸大家不要太刻意、太執著；像儒家那樣孜孜矻矻、「顛沛必於是，造次必於是」不僅是他不喜歡的，而且認為會適得其反。所謂「為者敗之，執者失之」，並非要大家什麼事都不做，而是做事不刻意、不執著，自然而為，心中沒有成敗、得失的念頭，這樣當然就不會有什麼失敗啦、落空啦的想法。老子還特別指出，一般人之所以會在事情快要成功時卻失敗，是因為無法「慎終如始」，儒家也有類似的說法，譬如「為山九仞，功虧一簣」，但他們強調的是堅持到最後一刻的毅力，而我認為老子著重的是「平常心」——既不會因快要成功了而興奮、因快要失敗了而頹喪，更不會因枯燥沉悶而厭煩，從頭到尾都平平實實、自自在在的工作。這其實是一種比較瀟灑的工作態度，也是老子跟儒家不同的地方。

如果可能，多數人都渴望做偉大的事情，想學偉大的知識和技巧。老子最後說的「欲不欲，學不學」，讓我想起舉世聞名的指揮家托斯卡尼尼：他的人生閱歷非常豐富，到過很多地方，指揮過很多樂團，見過各種名人顯要。當他八十歲時，他兒子有一天好奇問他：「在您這一生中，一定有過很多重大的事，您覺得您做過最重要的事是什麼？」托斯卡尼尼回答說：「我現在正在做的事，就是我一生中最重大的事，不管是在指揮一個交響樂團，或是在剝一個橘子。」剝橘子這種小事有什麼值得稱道？有什麼好學的？但一個真正得「道」的人會把當下所做的每一件事都認為很重要、很有趣，好好學習怎麼把它做好。而這，不正是自然給我們的教誨嗎？她對一隻大象和一株小草，付出了同樣的心力與愛。

第六五局●○不以智治國：精明、愚蠢與樸直之辨

古之善為道者，非以明民，將以愚之。民之難治，以其智多。故以智治國，國之賊；不以智治國，國之福。知此兩者亦稽式。常知稽式，是謂玄德，玄德深矣遠矣！與物反矣，然後乃至大順。

古時善於行「道」的統治者，不是教人民精明，而是使人民淳樸。人民所以難管理，就是因為有太多智巧心機。所以若用智巧去治理國家，是國家的災禍；不用智巧去治理國家，才是國家的幸福。了解這兩者就掌握了不變的法則。能永遠記住這個法則，就稱為「玄德」，玄德多麼奧妙，多麼深遠啊！與萬物一起回歸真樸，抵達最大的順應之境。

弈後語

過去有很多人（譬如余英時教授）根據老子在本局（章）所說的話，指摘他鼓吹統治者施

行「愚民政策」。我想一個人再「愚蠢」，也不會如此公然主張、毫不避諱地落人口實，而留下千古罵名。這顯然不是老子的原意，但為什麼會被做那樣的解讀呢？問題就出在他用的那個「愚」字。

很多人一看到「愚」字，就立刻聯想到「笨」、「蠢」、「呆」等，偏向於心智上的低劣。但它其實還有其他涵義，《說文解字》對「愚」的解釋是「憨也。愚者，智之反也。」這個「憨」就明顯有「樸直」的意思，台灣有句俗語：「天公疼憨人。」指的也是樸質之人──雖然可能因此而被認為是「蠢蛋」。再對照老子在第二十局（章）所說的「我愚人之心也哉！沌沌兮」，他自比「愚人」，有的正是一顆「渾沌」的心；而他在結尾所說的「與物反矣」（與萬物一起回歸真樸），更印證他所說的「愚」意指「自然樸直」而非「蠢笨」，跟「愚民政策」相差無異十萬八千里。

「明民」也不是「讓人民明白」，而應該是「教人民變精明」。王弼的《道德經注》說得好：「明，謂多見巧詐，蔽其樸也。愚，謂無知守真順自然也。」這也是老子一貫的立場，他不是鄙視聰明，而是厭惡將聰明用在牟取私利上，變得精明巧詐；也不是在反對知識，而是反對以知識做為滿足私欲的工具。這些，也就是「民之難治，以其智多」裡的「智」。

隨著文明的進步，人類變得愈來愈有知識、愈聰明、也愈有自己的主張，不再像牛羊那般好管理，但真正讓人頭痛的是像不久前一再爆發的食品安全問題，譬如大陸的不肖廠商在奶粉裡摻雜三氯氰胺，台灣的黑心廠商在食材裡添加塑化劑、以工業用油混充食用油等，搞得草木皆兵、人心惶惶，這就是將「智」（知識和聰明）用在滿足個人私欲上。但為什麼難以管理、防不勝防呢？不只廠商狡詐，消費者想買更香、更Q、更便宜商品的精明心態，政府單位的官商勾結、大言不慚的狡辯……都在為此推波助瀾。當舉國上下都想用自己的這種「智」去滿足自我、牟取私利、保護自己時，就成了老子所說的「國之賊」——為國家帶來災禍。

十八世紀的德國啟蒙學者利希騰貝格說過一句話：「要行事公正，不需要知道太多東西，但要理直氣壯地實行不公正，則需要認真學習法律。」我想老子聽了一定會表示贊同。的確，我們只要保有或尋回質樸自然的心，就知道什麼是好的、應該的，根本不需要知道太多東西；最讓人厭惡、也對社會危害最大的是那些「滿口仁義道德，卻一肚子男盜女娼」，以冠冕堂皇的說辭去滿足自己私欲的人。

一個真正擁有「玄德」的人，就要看清這兩者的分別。

第六六局 ●○ 百谷之王：退步原來是向前的智慧

江海之所以能為百谷王者，以其善下之，故能為百谷王。是以聖人欲上民，必以言下之；欲先民，必以身後之。是以聖人處上而民不重，處前而民不害。是以天下樂推而不厭。以其不爭，故天下莫能與之爭。

江海之所以能成為百川歸往之處，是因為它善於處在低下的位置，這樣才能成為百川之王。因此聖人想要居萬民之上，一定要言語謙卑；要想在萬民之前，就必須處處後於人。聖人正是這樣，他在上位，人民不會感到負累；他在前面，人民不會感到受害。所以天下百姓都樂於擁戴而不厭棄。因為他不跟人爭，所以天下沒有人爭得過他。

弈後語

「海納百川」這句成語的靈感很可能就來自這裡，它旨在強調身為一個領導人必須謙卑，才能讓萬眾歸心。但我想老子所說的「百谷」或「百川」，不只是「多」而已，還有「不同」的意思，不管是經營一個國家或一間公司，好的領導人不只要能接納各種不同的人才和意見，更應該主動去網羅不同的人才、聽取不同的意見，特別是反對自己的人和觀點。

唐太宗李世民被公認是個優秀的領導人，他的虛懷若谷、察納諫言也是史上有名的。他能奪得大位，固然是經過一場腥風血雨，但在登基後，並未趕盡殺絕，而是立刻將太上皇（父親李淵）的心腹、原太子（哥哥李建成）的黨羽，列入他要感謝的「功臣榜」中。雖然這種「謙下」來得晚了些，但也不是常人做得到的。更不簡單的是，在當年打天下時，為他立下汗馬功勞的秦叔寶、程咬金等人，原都是敵對陣營的武將；而為他帶來「貞觀之治」的要角魏徵，更是太子李建成原先的謀士，曾勸李建成早日除掉李世民。但他即位後，不只能盡棄前嫌、化敵為友，而且對他們言聽計從，顯見他的謙下與心胸開闊真的是如江海一般，而非裝模作樣。

一個領導者若能謙卑，他就不會高傲自大、自以為是，較能欣賞別人的長處、也較能聽取別人的意見，在他手下做事不會有太大的壓力感，大家更能發揮所長、也更樂於為他效力，而整個公司或國家自然就會更欣欣向榮。禪宗裡有個故事說：

龍虎禪寺裡，一群年輕的和尚在寺前的圍牆上集體創作一幅「龍爭虎鬥圖」。圖中龍在雲端，盤旋將下，虎踞山頭，作勢欲撲。但和尚們七嘴八舌，一改再改，總覺得動態不足。剛好無德禪師從外面回來，和尚們就請師父指點。無德禪師看後說：「龍和虎的外形都畫得很好，但你們卻不了解牠們的特性：龍在攻擊之前，頭必須向後退縮，才能衝得更遠；虎要上撲時，頭要往下壓低，才能跳得愈高。」一經師父一語道破，和尚們這才發現圖中的龍頭畫得的確太向前，而虎頭也太高，難怪會動態不足。無德禪師於是藉機說法：「為人處世和參禪修道的道理也一樣，退一步才能衝得更遠，謙卑低頭才能爬得更高。」有和尚不解，問說：「師父，退步怎能向前？低頭又如何更高？」無德禪師於是口出一偈：「手把青秧插滿田，低頭便見水中天；身心清淨方為道，退步原來是向前。」眾和尚頓時大悟。

一個低頭、一個退步，跟老子說的「是以聖人欲上民，必以言下之；欲先民，必以身後之」，正有異曲同工之妙啊！雖然故事說的是「龍爭虎鬥」，而老子說的是「不爭」，但這樣的「不爭」就沒有人爭得過你，不正是「爭」的最高境界嗎？

第六七局 ●○ 處世三寶：慈愛、儉約與退讓

天下皆謂我道大，似不肖。夫唯大，故似不肖。若肖，久矣其細也夫！我有三寶，持而保之。一曰慈，二曰儉，三曰不敢為天下先。慈故能勇；儉故能廣；不敢為天下先，故能成器長。今舍慈且勇；舍儉且廣；舍後且先；死矣！夫慈以戰則勝，以守則固。天將救之，以慈衛之。

世人都說我的「道」太大，不像任何具體的東西。正因為它的廣大，所以什麼都不像。如果像的話，那它早就變渺小了！

我有三件寶貝，持守不渝。一是慈愛，二是儉約，三是不敢居於天下人之先。慈愛才能勇敢，儉約才能擴增，不敢居於天下人之先，所以能成為眾人的領袖。當今之人捨棄慈愛而只求勇敢，捨棄儉約而只求擴增，捨棄退讓而只顧搶先，是在走向死亡。慈愛，用於戰爭就可以獲勝，用於守衛就可以鞏固。上天要救助一個人，會用慈愛來保護他。

弈後語

小時候聽母親講過一個故事：我有一位女性親戚，生性膽小，所住村子外面有一座墳場，是通往城鎮的捷徑，她連白天經過都會心裡發毛，而寧可繞遠路。有一天，她還在襁褓中的兒子發高燒，入夜後燒得更厲害，心想只好趕快進城找醫生，於是抱著兒子匆匆上路，而且就直接走穿繞墳場的小徑，她說她當時只急切地想要趕快到醫院去，什麼鬼啦、殭屍啦都飛到九霄雲外，一點害怕的感覺都沒有。

所謂「為母則強」，看似膽小柔弱的女人，因為對自己孩子的慈愛，而使她變得勇敢堅強無比，這正是老子在本局所說的「慈故能勇」。

在前面，老子說過「道」雖然微小，天下卻沒有什麼能支配它；但在這一局卻又說「道」太大，不像任何具體的東西。其實，「道」無名無形，可大可小，可以像任何東西，但又什麼都不像。重要的是一個得道之士應該奉行什麼或表現出什麼樣的特質，老子在這一局提出「三寶」——慈、儉與不敢為天下先。佛家也有他們的「三寶」——佛、法、僧；相較之下，佛家還是太看重外在而具體的東西，不如老子的超然物外與用心於內在修為。老子所說的「慈」，讓人聯想到佛家的「慈悲」，但其實不太一樣，因為老子說「慈」會產生「勇」，但佛家的「慈」卻讓人產生「悲」。

為什麼「慈」會產生「勇」呢？前面的「為母則強」故事就是很好的說明。而另外兩個寶——「儉」與「不敢為天下先」（退讓），其實也都屬於傳統女性的特質，我們在前面已經說過，老子的思想具有楚地的母系文化色彩，也對「柔」、「靜」等女性特質給予極高的評價，但要說老子的「道」就像偉大的母親，恐怕也稍嫌不足，因為「道」什麼都不像，比女人或母親更博大。

老子認為好勇鬥狠、不斷擴增、爭逐搶先這三種社會現象（有濃厚的男性特質）都背離了「道」，最後只會自取滅亡，而三寶就是療癒它們的良方。在三寶中，最重要的是「慈」，但平心而論，不只女人有「慈」，男人也能「慈」，譬如戰國時代的魏國名將吳起，對待士兵就像對待自己的親生骨肉，有一位士兵身上長了毒瘡，吳起親口為他吸膿，這種慈愛感動了士兵，也感染了全軍，於是吳起的軍隊就像老子所說的「以戰則勝，以守則固」。

不管對什麼人、做什麼事，能夠以慈愛為出發點，輔以儉約和不敢為天下先，就是在體現自然的大道。

第六八局●○淡定不爭：帶兵打仗 vs. 為人處世

善為士者，不武；善戰者，不怒；善勝敵者，不與；善用人者，為之下。是謂不爭之德，是謂用人之力，是謂配天古之極。

善於當將帥的，不會殺氣騰騰；善於作戰的人，不輕易發怒；善於克敵制勝的人，不直接交鋒；善於用人的，對人謙下。這就叫做「不爭之德」，也是借助別人的能力，更是配合自然道理的極致表現。

弈後語

這一局又談到用兵打仗，而且就事論事。雖然戰爭是讓人痛心疾首的罪惡，但為了保家衛國，有時也不得不拿起武器。當戰爭已不可避免時，既然上了戰場，那就不必扭扭捏捏，而要打好這場仗。

〈孫子・火攻篇〉說：「主不可以怒而興師，將不可以慍而致戰。」意思是國君不能因為一時的憤怒而發動戰爭，將帥也不能因一時的氣憤而出陣開戰。這跟老子的「善為士者，不武；善戰者，不怒」可說是不謀而合，有人又據此認為《道德經》是一部兵書，老子是一位兵家；其實，老子所說的「不武」、「不怒」，跟接下來的「不與」、「為之下」、「不爭」，都是他「柔靜」哲學的核心要義；對他來說，打仗跟日常生活、為人處世一樣，都要符合自然之道，這種境界跟孫子是完全不一樣的。

日常生活原本就要以寧靜淡定為佳，帶兵打仗更需如此，切忌心浮氣躁、被激動怒，因為情緒一旦激動起來，就會讓人失去理智，影響判斷，為個人和國家帶來不幸。在《三國演義》裡就有不少例子，譬如第五十九回〈許褚裸衣鬥馬超，曹操抹書間韓遂〉：曹營的許褚驍勇善戰，有「虎侯」之譽，他下戰書單挑劉營的馬超決戰，馬超高叫「虎癡快出！」許褚怒而出戰，兩人大戰兩百回合後，仍不分勝負，「許褚性起，飛回陣中，卸了盔甲，渾身筋突，赤體提刀，翻身上馬，來與馬超決戰」，結果在亂軍中「許褚臂中兩箭，諸將慌退入寨，馬超直殺到壕邊，操兵折傷大半。」這就是「一時性起」，魯莽行動的後果。

除了要寧靜淡定、不可硬碰硬外，老子還說統帥要善於用人。想要人家為你效勞賣命，最好的方法就是要像讓百川匯流的江海般放下身段，謙卑求教，除了要像我們在前面已提過的劉備對諸葛亮「三顧茅廬」外，也要像漢高祖劉邦般真心欣賞別人的優點，他在打敗項羽，當了皇帝後，當著群臣的面說：「夫運籌帷幄之中，決勝千里之外，吾不如子房；鎮國家，撫百姓，給饋餉，不絕糧道，吾不如蕭何；連百萬之眾，戰必勝，攻必取，吾不如韓信。三者皆人傑，吾能用之，此吾所以取天下者也。」這除了表示他知人善任外，更在彰顯他是真正的謙卑為懷，而不是裝出來的，因為一個人只有在深刻了解自己在某方面的確不如對方，才會真正欣賞對方的優點，真心誠意地把重責大任交給對方，讓對方毫無阻礙地一展所長。而項羽之所以失敗，就是他自以為在各方面都比別人強，身邊只有一個謀士范增，卻又經常自以為是，不聽范增的建議，才會落得一敗塗地的下場。

劉邦的這三個「不如」，其實也就是老子所說的三個「不爭」——他不在運籌帷幄方面和張良「爭」誰比較強，不在安撫百姓方面和蕭何「爭」誰比較有辦法，不在戰爭方面和韓信「爭」誰比較厲害。因為「不爭」，所以讓三位人才甘心為其所用，一展所長，然後借助他們的力量完成建國大業。

建國大業如此，人生大業又何嘗不是如此？

第六九局●○ 哀兵必勝：靠的並非悲憤，而是哀慈

用兵有言：「吾不敢為主，而為客；不敢進寸，而退尺。」是謂行無行；攘無臂；扔無敵；執無兵。禍莫大於輕敵，輕敵幾喪吾寶。故抗兵相若，哀者勝矣。

用兵打仗的人說：「我不敢主動進攻，而要採取守勢；不敢冒進一寸，而寧可後退一尺。」這是說：雖然有陣列，卻像沒有陣勢可擺；雖然要奮舉，卻像沒有臂膀一樣；雖然要對抗，卻像沒有敵人一樣；雖然持有兵器，卻像沒有兵器一樣。最大的禍害是輕敵，輕敵將會斷送我的三寶。所以兩軍對峙，若旗鼓相當，哀慈的一方可以獲勝。

弈後語

如今大家耳熟能詳的一句成語「哀兵必勝」，就是出自這裡。它是什麼意思呢？多數人會說是「悲憤可以激發鬥志，而讓人獲得勝利」，但顯然不是老子的原意。因為在老子的認知裡，

即使戰勝也是「不得已」的事，怎麼可能會在戰場上「悲憤」、「鬥志昂揚」地去殺敵呢？不過這樣的誤解似乎也是人之常情，因為多數人總是望文生義，而不想做較深入與完整的思考，就好像很多人看到老子談兵，就認為老子是兵家、《道德經》是兵書一樣。

老子這一局談兵，引用的是「兵家」的話。雖然我在各家兵書裡找不到「吾不敢為主，而為客；不敢進寸，而退尺。」這句，但觀念類似的倒是有一些，〈孫子・軍形篇〉：「昔之善戰者，先為不可勝，以待敵之可勝。」這是說要先做好防守的工作，再等待可以戰勝敵人的機會。〈孫子・軍爭篇〉又說：「軍爭之難者，以迂為直，以患為利。」則是說戰爭中最困難的是用迂迴的方式達到直接的目標，將不利的條件變為有利的因素。這些都在強調以守為攻、以逸待勞、以靜制動、以退為進、以柔克剛的戰術，孫子說它們「困難」，因為多數用兵者認為這些方法太消極、被動、對自己不利；但對老子來說，卻是最自然、最好、最有利的戰術，因為這些完全符合老子的人生哲學，也是在反映他慣有的逆向思考。

但老子接下來的自我引申——「行無行；攘無臂；扔無敵；執無兵。」則讓人頗為費解。有人認為「扔無敵」應該放在後面，概括前三句，表示不要和對方硬碰硬相抗衡，這樣就能所向無敵。但所謂「雖然有陳列，卻像沒有陣勢可擺；雖然要奮舉，卻像沒有臂膀；雖然要對抗，卻像沒有敵人；雖然持有兵器，卻像沒有兵器」，聽起來還是讓人覺得有點「禪」，其實，這幾句讓我最先想到的是武俠小說裡的武林高手，他們在與人過招時，看似有招、其實無招；看似有劍、其實無劍；而最高境界就是金庸在《神雕俠侶》裡所說的獨孤求敗，天下無敵而金劍長埋，因為他已經是「無劍勝有劍，無招勝有招」，這種「無」勝於「有」的武學境界，顯然是受到老子的影響。但我卻也不認為老子統領（假設）的軍隊會這麼高明，更有可能的是老子想藉此向敵人「示弱」——不成隊形、有氣無力、不想打仗、不堪一擊，讓對方輕敵、驕傲自大，然後「柔弱勝剛強」，藉此贏得最後的勝利。

這也是老子為什麼接下來會說「禍莫大於輕敵」的原因，兩軍對壘一定要謹慎小心，否則就會讓人命無辜犧牲，而喪失他在前面所說的「三寶」——慈、儉與不敢為天下先。就是因為看中這三寶，而使老子認為應該採取守勢，以靜制動、以退為進、以柔克剛，用「示弱」來保護自己，用最小的損失來贏得最大的勝利。戰爭是不得已、悲哀的事，只有懷著哀慈、哀憐的心情上戰場，才能獲得真正的勝利，並贏得民心。

這樣的「哀兵必勝」應該比較符合老子的原意，也是我們在人生的戰場上，不得不戰時，應該懷抱的心情：不是滿腔悲憤，而是一心哀憐。

第七十局 ●○ 知我者希：一如幽谷蘭花，無人自芳

吾言甚易知，甚易行。天下莫能知，莫能行。言有宗，事有君。夫唯無知，是以不我知。知我者希，則我者貴。是以聖人被褐而懷玉。

我的言論很容易了解，很容易實行。天下人卻不能明白，不能實行。我的言論有主旨，行事有根據。正因為大家無知，所以不了解我。了解我的人很稀少，取法我的人很難得。所以聖人穿著粗衣，懷藏美玉。

弈後語

只要是人，活的時間又夠久，難免就會有一些牢騷。上面這些話，聽起來就有點像老子在發牢騷，他抱怨天下人沒有把他的話奉為金科玉律，認真地去身體力行。世人為什麼不了解他呢？因為他們缺乏見識、目光如豆，而他自己就好像深藏不露、懷才不遇的一塊「寶玉」。這

跟我們向來所了解的崇尚「無為」、「無欲」又「無爭」的老子好像不太一樣，但正因為有些牢騷，才使他更像一個「人」。

老子的這些話讓我想起跟他同樣睿智，但表現卻完全不同的尼采。老子哲學的中心思想是「柔弱勝剛強」，而尼采則剛好相反，他的超人哲學主張「剛強勝柔弱」，所有軟弱的道德和人類，都必須被超越、被取代。雖然南轅北轍，但兩位大師的言論卻有著同樣的命運——在他們的時代都未受重視。老子的情況已如他上面的自述；而尼采大部分的著作都是自費出版，因為基於市場考量的出版商認為它們乏人問津，而事實也是如此，即使自付印刷費而由出版商代理發行，通常也只賣出幾百本。他那本後來被視為曠世傑作的《查拉圖斯特拉如是說》，在一八八五年也只自費印了四十本，分送給知交好友。他每出一本書，就抱怨他的著作不受重視，「完全被埋在反猶太的垃圾堆中」，甚至還將他與那些「應該被所有明理人所瞧不起的活動」連結在一起。

也許這就是「曲高和寡」或「先知的寂寞」，但抱怨歸抱怨，尼采對自己思想與著作的價值卻有著相當的自信。他說：「我的時間尚未來到，有些人要死後才出生。」並用「誰終將聲震人間，必長久深自緘默；誰終將點燃閃電，必長久如雲漂泊。」來安慰與鼓勵自己，而事後證明也的確是如此。我想老子的抱怨或牢騷多少也是如此，雖然世人不了解他，但他還是認為自己「曖曖內含光」，肯定自己的價值。

在漫長的人生旅途中，人難免會遭受一些挫折，偶爾發發牢騷、吐口悶氣，不僅很正常，而且有益健康。從不抱怨、從未發過牢騷的才讓人覺得很怪、很假。像到非洲行醫的史懷哲，他也曾忍不住抱怨：「我真是個傻瓜啊！為什麼要來非洲這種地方？」但在短暫的牢騷後，他很快就又重新振作起來，興高采烈地為自己的理想而奮鬥。英雄不是沒有牢騷、沒有抱怨，而是他們不會只停留在自怨自艾的階段。

對一般人來說，也許沒有什麼偉大的思想或言論要大家聆聽、遵行，但不被人了解、不受重視的寂寞感多少是有的，因此而產生的牢騷、抱怨亦屬常見。那要如何自處呢？所謂「蘭生幽谷，無人自芳」，只要自認為我們的價值觀、信念和生活方式是對的，就不必因無人了解或想迎合他人而改變，就像幽谷裡的蘭花，即使無人來欣賞，依然散發出自己的芬芳。而這，不正是老子所說的「自然之道」嗎？

第七一局 ◉○ 病與不病：做個有智慧的知者

知不知，上；不知知，病。聖人不病，以其病病。夫唯病病，是以不病。

知道自己的不知道，最好。不知道卻自以為知道，是毛病。聖人沒有毛病，因為他把毛病當作毛病來看。就是因為他把毛病當作毛病來看，所以沒有毛病。

弈後語

我在大學時代讀到一個故事，印象非常深刻：蘇格拉底的一位朋友到德爾菲神廟去問阿波羅神：「誰是世界上最有智慧的人？」祭司傳下神諭：「蘇格拉底是世上最有智慧的人。」朋友轉告蘇格拉底，蘇格拉底感到非常納悶，因為他認為自己其實是個「無知者」。為了打破砂鍋問到底，他去走訪一些有名的智者、學者和各行業的傑出人士，結果發現每個人都自以為很了不起，不只認為自己的本行學識淵博，對其他方面也一樣精通。最後，蘇格拉底終於明白阿波羅神為什麼說他是最有智慧的人——因為他知道自己的無知。

印象之所以深刻，因為我當時自詡為「知識青年」，經常在校園或咖啡館跟人家大談什麼存在主義、精神分析、超現實主義，自以為學識淵博，蘇格拉底的故事提醒我，我很可能只是隻井底之蛙。但老實說，深刻的也只是「印象」，以我當時的「智慧」，我還無法真切體會什麼叫「無知」，以及自己的「無知」。

後來讀了《道德經》，才曉得老子早就說過同樣的話。而且要直到我有了相當閱歷與知識後，才知道「不知」或「無知」其實有三個層次：一是單就人類用以了解宇宙萬物和這個塵世的知識來說，它們是浩瀚無垠的，不管一個人多麼博學，他所知道的也比滄海一粟來得少，就像愛因斯坦所說：「在上帝面前，我們同樣無知。」二是即使我們擁有的知識相當有限，但這些知識卻都是相對的、可疑的，並不像我們自以為的那樣肯定和正確。三是不管人類多聰明或多努力，我們所求得的知識離「事物本質」或「絕對真理」都有一段距離，就像老子開宗明義所說的「道可道，非常道」；或像蘇格拉底所指出的，我們無法求得「絕對真理」，而只能在逼近它的過程中，知道前人的說法是錯的。

老子提醒我們，一般人最大的毛病是自己不知道卻以為知道，這個不知道還包括不知道上面所說的三種「無知」。為什麼愈無知的人會認為自己知道得愈多、而且對自己所知的愈肯定呢？希臘另一個哲學家芝諾做了一個很好的比喻：有一天，弟子問芝諾：「老師，您的知識非常淵博，回答問題也很清楚，但您為什麼老是說自己不太明白？對自己所說的答案總是有所懷疑呢？」芝諾用手杖在地上畫一個大圓圈，又在大圓圈裡畫一個小圓圈，然後說：「大圓圈裡面是我的知識，小圓圈裡面是你們的知識，而這兩個圓圈之外就是我和你們不知道的部分，雖然我知道的比你們多，但因為大圓圈的周長大於小圓圈，所以，我能接觸到的無知疆界就要比你們來得大而長，這就是我的不明白和懷疑比你們多的原因。」

只有知道得愈多，才曉得自己知道得其實不多，而且愈無法肯定它們的真確性。雖然這是一種必經的過程，但如果大家能將老子所說的「毛病」放在心上，經常提醒自己不管對什麼問題都不要自以為是地妄下論斷，用自己很「無知」的虛心態度來求知，那才能讓我們更接近「道」、也更有「智慧」。

第七二局 ●○ 自愛不自貴：贏得人心的修煉

民不畏威，則大威至。無狎其所居，無厭其所生。夫唯不厭，是以不厭。是以聖人自知不自見；自愛不自貴。故去彼取此。

當人民不畏懼統治者的威壓時，大的禍亂就要來了。所以統治者不要妨害人們的安居，不要擾亂人們的生活。只有不壓制人民，才不會讓人民生厭。因此，聖人但求自知而不自我炫耀；但求自愛而不自顯尊貴。所以，要捨棄後者（自見、自貴）而保持前者（自知、自愛）。

弈後語

「威」，代表一種讓人懾服的力量，上位者要讓下位者聽命於他，靠的就是「威」。但「威」有很多種，譬如威權、威嚴或威信等，要先看上位者靠的是哪種「威」。老子在這裡說的顯然是靠威權——國君憑個人好惡，以手上握的生殺大權來逼迫人民服從。這種「威」建立在恐懼上面，雖然讓人反感，多數人卻也只能忍氣吞聲。但忍耐和畏懼都有個極限，當忍無可忍時，人民就不再害怕，整個豁出去，群起反抗，這時統治者就大禍臨頭，整個社會也陷入混亂。中國歷代的官逼民反，顯然就是老子所說的情形。

現在是民主時代，從總統到縣市首長，雖然名為「公僕」，但還是有他們的「威」，不過靠的主要是威嚴（法律）與威信（百姓信任他），而人民對他們則是敬與畏兼而有之。在這種條件下，「公僕」雖然難以像過去的統治者那樣為所欲為，但「大威至」的情況依然屢見不鮮，譬如最近幾年的台灣，從全國性的「太陽花學運」、「廢核大遊行」到地方性的「大埔自救會」、「反六輕運動」等等，抗爭之所以發生，主要是政府部門犯了老子所說的大忌——妨害人們的安居，擾亂人們的生活。但更重要的是人民覺得不受尊重、被蒙蔽，政府的決策採黑箱作業、圖利特定集團與人士，而且還說得冠冕堂皇，無視法律或任意曲解，搞得人民無法再信任政府，威嚴與威信蕩然無存，主政者不僅不再讓人敬畏，而且還讓人討厭，大家紛紛走上街頭表達不滿。這時，就像老子所說的，不只各級首長倒楣，社會也跟著動盪。

雖然現在的體制跟老子的時代有很大的差異，但還是存在著同樣的問題，因為基本的人性並沒有改變。不管是皇帝、宰相、總督或總統、行政院長、市長或董事長、總經理、經理，身為一個領導者都會有一種「威」，而這個「威」是要建立在遵守法令（威嚴）與讓人民或下屬信任（威信）之上，但要怎麼做到呢？老子所提的「自知不自見，自愛不自貴」就是一個很好的修煉方法。

一個領導者必須有自知之明，了解自己的好惡、能力和權力是什麼，更要知道它們的界限在哪裡，但自知卻不能變成自見——炫耀自己的能力和權力。其實一個真正有自知之明的人，必然了解自己的渺小，而會更加謙卑才對。有了自知才能知人，不只是能知人善任，而且知道下屬最討厭的就是在上位者炫耀自己的能力、功勞，又用權力逼他們就範。

除了自知，還需自愛。但不是顧影自憐，而是潔身自愛，愛惜自己的名譽和理想。不過自愛卻不能流於自貴——自以為比別人高貴而瞧不起別人。其實，一個真正懂得自愛的人也會愛人，把別人看成如同自己一樣地去愛、去尊重，這樣自然不會認為自己比別人高貴。

如果能像這樣自知自愛、知人愛人，而又不自見自貴，自然就能得到人民和下屬的尊敬、信任與喜愛。為了讓多數人能安居樂業，即使採取一些可能造成不便、甚至損失的措施，大家也比較能夠體諒，不會認為這是在用威權逼迫他們就範。這樣，自然就能贏得人心。

第七三局●○勇於不敢：對利害得失的反向思考

勇於敢則殺，勇於不敢則活。此兩者，或利或害。天之所惡，孰知其故？天之道，不爭而善勝，不言而善應，不召而自來，繟然而善謀。天網恢恢，疏而不失。

勇於敢作敢為就會喪命，勇於柔弱不敢就可活命。這兩種勇氣，一個有利，一個有害。上天所厭惡的，誰曉得箇中原委呢？

自然的法則是，不爭鬥而善於獲勝，不說話而善於回應，不召喚而自動來到，雖遲緩而善於謀畫。自然的羅網廣大無邊，雖然疏鬆，但卻沒有漏失。

弈後語

老子認為「勇氣」有兩種：「勇於敢」和「勇於不敢」。他所指稱的「不敢」跟我們一般所說的「怯懦」意思差不多，這怎麼能算是一種「勇氣」？而且還優於「敢」呢？乍看之下，實在令人費解，不過卻和他的鼓吹「守柔」、「示弱」屬於同一個調子。

當我們說一個人「勇敢」時，指的通常是他具有冒險犯難的精神，也就是「勇者不懼」，但真正的「勇者」其實不多，就像老子所說「勇於敢者死」，勇於冒險去面對未知世界或痛苦考驗的人經常會「死於非命」，但他們卻是人類社會所必需，因為若沒有這種人，人類即使發現了火，也不敢使用；建造了帆船，也不敢出海；擁有高貴的理念，也無法堅持。如果沒有勇者的率先行動，人類可能還躲在山洞裡茹毛飲血，過著野獸般的無良生活。勇氣，可以說是讓所有其他優點能夠發揮、推動文明進展的齒輪，所以幾乎每個社會都會對勇氣給予高度的肯定，鼓勵大家要更勇敢些，不能畏首畏尾。

但老子似乎在和大家唱反調，不僅說「不敢」是一種「勇」，而且還讚揚「不敢」的好處多多。最先出現的「不敢」，跟後面的「不爭」、「不言」與「不召」一脈相承，都是來自他獨特的反向思維辯證法：你強調「敢」，說要「敢爭」與「敢言」，他就用「不敢」來和你打對台，提醒你忽略的某些面向。老子說「勇於不敢則活」，不只是能「活命」而已，應該還有更深的意涵。它讓我最先想到的是蘇州。

「上有天堂，下有蘇杭」，蘇州不只是一個如天堂般的城市，還是舉世聞名的歷史文化古城。從春秋時代吳王闔閭建城迄今，歷經兩千五百年的人世滄桑，但她的城址始終未變；今天蘇州古城區的總體框架、骨幹水系、道路分布等，跟七八百年前宋代的《平江圖》幾乎沒啥兩樣，一些重要的建築也都保持完好，可說是人類建城史上的一大奇蹟。為什麼能有這樣的奇蹟？我上次到蘇州，聽一位當地人自我解嘲說，那是因為他們蘇州人怯懦，在歷代戰亂中，一遇到敵軍兵臨城下，蘇州人都是抵抗沒幾下、甚至沒抵抗就投降——也就是「勇於不敢」。因為沒有經歷砲轟火焚的浴血死戰，所以重要的文化遺產反而得以保留。但試想如果蘇州人每次都勇敢地戰到片甲不留、被屠城、被夷為平地，中國歷史就會改變嗎？到底什麼才是真正的利害得失呢？也許這就是老子所說的「天之所惡，孰知其故」吧？

怯懦就像柔弱，其實也有不少好處，「不敢為天下先」或「勇於不敢做壞事」並非純屬阿Q。而無畏的勇者雖然可能成為讓人景仰的偉大冒險家和英雄，但也可能淪為令人髮指的社會惡棍與罪犯。對很多問題的確需要一些反向思考，但最後我還是必須說，如果要像老子一樣堅持「不」字訣，認為「疏而不失」的天網到頭來都會為我們安排、處理一切，那不僅遲緩，而且太過消極！我相信法國小說家紀德所說的：「除非一個人長時間看不見海岸線，否則他不可能發現新大陸。」不管這個「新大陸」是美洲、量子論或不一樣的人生，它們都不會「不召而自來」，而是你必須敢於告別熟悉、告別安穩、還有告別像老子這樣的權威，勇於去追尋，才有可能發現它、得到它。

第七四局 ●○ 長治久安：讓人因幸福快樂而貪生怕死

民不畏死，奈何以死懼之？若使民常畏死，而為奇者，吾得執而殺之，孰敢？常有司殺者殺。夫代司殺者殺，是謂代大匠斲，夫代大匠斲者，稀有不傷其手矣。

如果人民不畏懼死亡，以死亡來恫嚇他們又有什麼用呢？如果先使人民畏懼死亡，有為非作歹的人，我把他抓來殺掉，那麼誰還敢再為非作歹？總有行刑官去執行殺人，代替執行官去執行殺人的，就好像代替木匠去砍木頭一樣。代替木匠去砍木頭的，很少有不傷著自己手的。

弈後語

我中學時代讀林覺民的〈與妻訣別書〉，對他為了獻身革命而淚別愛妻幼子的真情相當感動。後來又看了秋瑾的一些資料，讀到她的「拚將十萬頭顱血，須把乾坤力挽回」，也為之動容。這一局讓我最先想到的就是他們兩個人，還有滿清末年為了推翻帝制而前仆後繼地拋頭顱、灑熱血的革命烈士。

「民不畏死」，老子在這一局提出了比前面「民不畏威」更嚴峻的局面，而「奈何以死懼之？」則更是洞察人性與世局之言。螻蟻尚且偷生，為什麼有人會不怕死呢？通常是面臨了「比死還苦」的局面，當很多人因為現實生活或個人理念問題而覺得「生不如死」時，那就必然會造成社會動亂，而政府不管採取如何高壓凶殘的手段，也都難逃被推翻的命運。滿清政府當年對革命黨可以說是毫不留情地殺無赦，而且還斬首示眾，想殺雞儆猴，讓人們打從心底害怕，但根本沒有效果，不怕死的人愈來愈多，革命起義如野火般蔓延，滿清政府最後終於被推翻。

那怎麼辦？要如何避免這種局面呢？老子提出的對策是使人們「常畏死」。雖然他沒有說要如何做，但從前後文可以推知，方法不是靠殺人，而是靠讓大家過著幸福快樂的生活。因為「貪生怕死」是人的本性，如果大家天天都能過快樂的生活，人人想長壽都來不及，哪裡還有誰會想死呢？這樣才能使多數人「常畏死」。而只有在這種氛圍裡，將違法亂紀、破壞大家幸福生活的人抓起來砍頭或槍斃，才能以儆效尤，讓大家引以為戒。這樣死刑也才有它的意義。

但即使要執行死刑，老子認為也應該由專人負責。在國家的體制裡，既然有死刑的執行官，那就不能由自己或別人越俎代庖，更不能因為「義憤填膺」或認為「人人皆曰可殺」，就放任什麼人都可以動手。從這裡，我們也可看出老子對規範、秩序的尊重。其實不只死刑，其他懲罰也都必須如此。這也是另一種「無為」。

不越俎代庖，類似於孔子所說的「不在其位，不謀其政」，特別是涉及到懲罰，因為它必然會引起當事者的抗拒或反撲，你「名不正，言不順」，很容易落人口實，失去威信，最後很可能眾叛親離，而像老子所說的不是木匠卻去砍伐樹木，結果反而傷害到自己。

一個國家如此，一間公司也是如此。重要的是要增加員工的向心力，讓他們覺得公司是他們人生的舞台、幸福的所在，喜歡公司、不想離開公司，甚至害怕離開公司，而不是動不動就找員工來訓話、威脅、處罰。能這樣，那麼從公司到社會，自然和樂融融、一片祥和。

第七五局 ●○ 爲民請命：超越自身的階級意識

民之饑，以其上食稅之多，是以饑。民之難治，以其上之有為，是以難治。民之輕死，以其上求生之厚，是以輕死。夫唯無以生為者，是賢於貴生。

人民吃不飽，是因為統治者吃的稅太多，所以吃不飽。人民不好管，是因為統治者強作妄為，所以不好管。人民不在乎死，是因為統治者搜刮民脂民膏奢華享用，因此輕於犯死。所以，只有把自己的生命放一邊，為他人而活的，才比只重視個人享受的人來得賢明。

弈後語

上面這些話應該是說給統治者聽的。人民之所以吃不飽、不好管、輕易犯死，就是因為統治者貪圖個人享受、胡作非為，所以統治者應該知所警惕。這個意思非常明白，很多人因此認為，老子是在替人民說話。

但歷來也有不少人認為老子是跟統治者站在一起的，《道德經》大部分的篇章都是在勸統治者要如何採取高壓手段、施行愚民政策。譬如對上一局（第七四章）的「民不畏死，奈何以死懼之？」有人說這是斷句錯誤，老子真正的意思是「民不畏死，奈何？以死懼之！」——如果人民不怕死，怎麼辦呢？那就用死刑讓他們害怕！當然接下來的解讀就跟我們在前面講的完全不一樣了！

為什麼有人會做這樣的理解呢？因為老子當過周王朝的典藏史，他們認為當官的自然是和統治者站在一起，會千方百計去維護自身和群體的階級利益，所以，老子只會替統治者說話。即使像這一局（章），明明是在替人民說話的，他們也認為這是在向統治者提出善意的忠告——對人民的壓榨不能太過分，要稍微節制一點，這樣大家才能繼續吃香喝辣。雖然看起來有點像硬拗，但卻也振振有辭，因為他們認為一個人的思想必然是他階級意識的產物，老子屬於統治階級（至少和他們是一夥的），老子的階級決定了他的意識和立場。

但有趣的是，老子（或《道德經》的集體作者）到底屬於哪個階級？說他屬於統治階級只是粗略的說法，有人則更專業地說他屬於「沒落奴隸主階級」——本來是統治者，但已經失勢；而被「地主階級」政權所取代。老子的虛靜無為、守柔處弱哲學是站在階級立場，主張對新興的地主階級「於必要時要順從，以等待時機」，但「在條件允許的情況下，也不放棄對於當時的新政權作公開的攻擊」（馮友蘭在《中國哲學新編》裡的說法），這一局還有「民不畏死」、「民不畏威」等就是在攻擊新政權對人民的剝削、壓榨。

結果，老子到底是在替統治者說話還是在攻擊統治者，又成了各說各話。他們唯一相同的地方是老子「不可能為人民說話」，因為他不屬於「勞動階級」。這就更有趣了。就我所知，馬克斯是個知識分子而非勞動階級，為什麼他「能」為人民說話，而老子就「不可能」為人民說話？我不會懷疑馬克斯是「真心」想為勞動階級說話（說的好不好是另一回事），因為我相信一個高瞻遠矚、聰明睿智、悲天憫人的人，他的思想和主張是可以跳脫他的生活經驗、階級意識的。馬克斯可以，老子當然也可以。

所以，重要的不是老子的出身、屬於什麼階級，而是他說的話是否有道理，能帶給世人什麼啟發。如果老子屬於統治階級，他能超越他的階級意識而為人民說話，那豈不是更難能可貴？而這種超越，豈不是我們每一個人都應該學習的？

第七六局●○木強則折：物競天擇，弱者生存？

人之生也柔弱，其死也堅強。草木之生也柔脆，其死也枯槁。故堅強者死之徒，柔弱者生之徒。是以兵強則滅，木強則折。強大處下，柔弱處上。

人活著的時候，身體是柔軟的，死的時候，就變僵硬了。草木生長的時候，形質是柔脆的，死的時候，就變乾枯了。

所以，堅強的，屬於死亡；柔弱的，屬於生命。因此，用兵逞強就會遭受滅亡，樹木強大了就會遭受砍伐。強大的處於劣勢，柔弱的處於優勢。

弈後語

「優勝劣敗，弱肉強食」是大家非常熟悉的一個觀念，而在這一局，老子又再唱反調，翻大家的盤。他認為「優勝」的是「柔弱」，「剛強」反而屬於「劣敗」，這次他舉的「證據」

是人和草木生死的變化。

漢朝劉向的《說苑》裡還有一個看起來更具「說服力」的例子：老子去拜訪他生病的老師常摐，常摐好像要對他上人生的最後一堂課般，張開嘴巴問：「我的舌頭還在嗎？」老子回答：「還在。」常摐又問：「那我的牙齒還在嗎？」回答：「都不在了。」常摐於是問：「你知道這是什麼道理嗎？」老子於是有所領悟，回答說：「舌頭還在，難道不是因為它的柔軟嗎？牙齒掉光了，難道不是因為它的堅硬嗎？」

這個故事顯然是編造的，但卻想為老子上述的觀念「尋根」。老子接下來說的「木強則折」，用的也是同樣的譬喻，的確，當狂風來襲，高大又堅硬的大樹往往被摧折，又柔軟又脆弱的小草反而沒事。但我們在前面已不只一次說過，這種直觀式的譬喻，只是一種「選擇性的認知」，我們也很容易舉出不同的例子來反駁，就拿舌頭和牙齒來說，人死後，柔軟的舌頭很快就腐爛消失，反而是堅硬的牙齒繼續存在。這又要怎麼說呢？所以，「堅強者死之徒，柔弱者生之徒」並非「放諸四海而皆準」，而是「有條件的」，也就是在某些情況下，柔弱更適合生存，但在某些情況下，卻是剛強更適合生存。

在自然界或人類社會裡，「弱肉強食」其實是一種很普遍的現象。現在的科學界普遍認為，達爾文的進化論是最接近自然律則的一個生物學學說，但我們要注意，在「物競天擇」之下，達爾文主張的是「適者生存」，而非「強者生存」或「弱者生存」。不管是「強者」或「弱者」，只要能適應當下的環境，就是最好的「生存者」。當然，在自然進化史裡，我們也可以看到不少符合老子觀點的例子，譬如強壯無比的恐龍，曾經是地球上的霸主，但後來卻衰亡而終至滅種，反而是柔弱的蜥蜴、壁虎等同類活存了下來，但沒有一個生物科學家會因此說「物競天擇，弱者生存」。

老子的強調「弱者生存」，有其特殊的環境背景。在戰亂頻仍的春秋戰國時代，從朝廷到民間，到處充斥著爭強好勝的氣氛，你強我要比你更強、你硬我要比你更硬，如此惡性循環下去，只會讓大家生存得更痛苦，老子提出「貴柔處弱」的人生哲學，不只切中時弊，更有醍醐灌頂的功效。

但不管什麼時代，都有一大票人是完全無法欣賞柔弱，甚至以自己的身處柔弱而悲嘆、引以為恥的。西晉末年的劉琨是很多人心目中的英雄人物，他苦守晉陽，與石勒等周旋十年之久，最終被石勒擊破，而投奔鮮卑首領段匹磾，後來又被段匹磾囚禁，他在獄中寫了一首〈重贈盧諶〉的詩，最後兩句就是有名的「何意百煉鋼，化為繞指柔！」但他是在為自己的「百煉鋼」變成「繞指柔」而悲嘆，而引以為恥！

其實，「百煉鋼」有「百煉鋼」的好，「繞指柔」有「繞指柔」的美，在該剛的時候就要剛，需柔的時候就要柔。人的舌頭是軟的，牙齒是硬的，但需要兩者互相協調、配合，我們才能完成進食或享受美食；人的骨頭是硬的，肌肉是軟的，但只有軟中帶硬、剛柔並濟，我們才能四處走動。如果能這樣想、這樣做，那就更有彈性、更完美，也更符合自然。

第七七局●○有餘與不足：莫做「馬太效應」的幫凶

天之道，其猶張弓歟？高者抑之，下者舉之；有餘者損之，不足者補之。天之道，損有餘而補不足。人之道，則不然，損不足以奉有餘。孰能有餘以奉天下？唯有道者。是以聖人為而不恃，功成而不處，其不欲見賢。

自然的法則，不就像張弓射箭一樣嗎？高了就把它壓低，低了就把它抬高；拉過頭了就鬆一鬆，不足時就再拉緊些。

自然的法則，是減去有餘的，補上不足的。人間的規則卻不是這樣，反而剝奪不足的，用來供奉有餘的。誰能把自己的有餘用來供給天下的不足呢？只有「有道」者才能做到。所以，聖人興作萬物而不自恃己能，有所成就而不以功自居，不想表現自己的聰明才智。

弈後語

〈新約聖經・馬太福音〉裡有一句話：「凡有的，還要加給他，叫他多餘；沒有的，連他所有的也要奪過來。」這跟老子在本局所說的「損不足以奉有餘」非常類似，可以說是人世間非常普遍的一種不公平現象。因為這種分配的流向問題，而使得富者愈富、貧者愈貧，強者愈強、弱者愈弱，好的愈好、壞的愈壞，社會不同階級、族群間的鴻溝與矛盾因此而愈來愈加劇，有人將它稱為「馬太效應」。

老子所說的「損不足以奉有餘」，偏重於統治者和老百姓間的分配問題，其實也就是統治者對老百姓的剝削——捉襟見肘的老百姓已經夠可憐了，但酒池肉林的統治者卻還對他們橫徵暴斂，兩者的生活差距就愈來愈大。但如果我們放大視野來看，類似的「馬太效應」其實存在於社會的各個領域，譬如在社會資源的分配方面，較富有或階級較高者，總是能得到較多的社會資源，結果就更強化他們的優勢，而弱勢者在相對被剝奪後，先天不足加上後天失調，就只能更加弱勢。

不只個人，任何團體、階級、地區或國家，一旦在某方面（財富、名譽、地位、權勢等）獲得優勢，就會產生一種積累作用，吸引更多的人加入，而有更多的機會取得更大的優勢。反之，原本就處於弱勢的個人、團體、地區或國家，卻會在競爭中陷入更不利的處境，結果是每況愈下，愈來愈沒有翻身的機會。

老子認為這是違逆自然的現象。自然界的一個通則是用多餘的來補不足的，好讓它們維持一種均衡的狀態。所以，老子主張一個洞悉自然之道的「有道者」除了要了解他如今的成功或優勢，有相當成分是拜「馬太效應」之賜，而不可炫耀自己多有才華，自以為多了不起、多有功勞外，更應該用自己的「有餘」去幫助、彌補那些「不足」的人，將社會的不公與無形的剝奪減至最低。

的確有不少慈善團體在做這樣的事，也讓人感佩。其實，現在有不少國家（包括台灣）為了減少貧富、城鄉差距，緩和社會矛盾，而在經濟、教育、工作等方面都嘗試透過各種政策想要來「損有餘以奉不足」，但經常面臨很大的阻力（譬如要打破明星學校馬太效應的就學方案）。究其原因，除了既得利益者不肯放手、退讓外，還有一個更重要的因素是社會上大多數人其實都喜歡捧名人、買名牌、找名醫、讀明星學校，就是這樣的觀念使得「有名的更有名，沒名的更難以出頭」。而造成這種不公平現象的「馬太」就在你身邊，甚至就是你自己。你說怎麼辦呢？

第七八局 ●○ 正言若反：對柔弱勝剛強的疑與辨

天下莫柔弱於水，而攻堅強者莫之能勝，以其無以易之。弱之勝強，柔之勝剛，天下莫不知，莫能行。是以聖人云：「受國之垢，是謂社稷主；受國不祥，是為天下王。」正言若反。

天下萬物中，沒有比水更柔弱了。但要對付堅強的東西，也沒有能勝過水的。因為水柔弱得沒有什麼能改變它。這種弱勝強、柔勝剛的道理，天下沒有不知道的，卻沒有能實行的。所以聖人說：「承擔全國的屈辱，才配稱為社稷之主；承擔全國的災難，才配做天下的共主。」這些正確的話，聽起來卻好像反話一樣。

弈後語

在第七六局（章），老子只說柔弱有利於生存，但這一局，他再以水為例，就進一步指出柔弱勝剛強。「弱之勝強，柔之勝剛，天下莫不知」，不過，我想多數人所知所理解的可能跟老子不一樣。什麼叫「柔弱勝剛強」？多數人會望文生義，認為是「雙方對壘時，柔弱能戰勝剛強」；但找碴的人立刻會提出「以卵擊石」、「螳臂擋車」這兩句成語，然後咄咄逼問在「卵石」與「螳車」之戰中，哪一方會獲勝？

「以卵擊石」和「螳臂擋車」都是柔弱的一方挑起事端，主動出擊，這樣的結果必然是自己粉身碎骨。但這顯然不是老子的原意，所謂「柔弱勝剛強」，我覺得指的應該是不管是在國與國之間、人與人之間，不管是要交戰或交好，用柔弱的方法會勝過用剛強的方法。而什麼是「柔弱的方法」？也就是老子在前面所說的謙下、退讓、不爭、示弱、忍辱、迂迴、以靜制動、以守為攻等等。特別是在雙方對壘時，經過知己知彼的衡量，知道自己是弱勢的一方時，那就更應該守柔示弱，當螳螂看到大車逼近時，二話不說，趕快低頭退到一邊去才對，要先懂得保護自己，才有未來可言，正是所謂「留得青山在，不怕沒柴燒」。

這樣的例子在歷史上比比皆是。韓信少年時代的「胯下之辱」就是一個眾所周知的故事，當無賴要他從胯下匍匐而過時，如果韓信認為「士可殺不可辱」，而「剛強」以對，寧死不屈，那也就沒有後來的豐功偉業，中國的歷史還可能因之而改寫。能夠把別人視為屈辱的事當作柔弱的修行，自在承擔，那其實就是一種勝利。

而「受國之垢，是謂社稷主；受國不祥，是為天下王。」則讓人想起越王勾踐，他在被吳王夫差打敗後，卑辭厚禮向吳國求降，還親自到吳國給夫差當奴僕，夫差生病時，他還親嚐夫差的糞便以辨症，真是承擔了全國的屈辱；在得到夫差的信任，三年後被釋，回到越國後，他矢志復仇，臥薪嚐膽，一身承擔全國的苦難，最後終於完成復國大業，得到人民的擁戴與天下人的稱許。

老子最後說的「正言若反」，跟第四一局（章）的「明道若昧，進道若退」應該是同一個意思，也是他慣用的逆向思考法：在「柔弱」與「剛強」的二元對比中，多數人都喜歡「剛強」，高舉它的價值；但老子卻否定它，反而強調「柔弱」的優點，甚至認為「柔弱」才是更高層次的「剛強」，就像他在五二局（章）所說的「守柔曰強」。讓我感到好奇的是：老子是否要我們一輩子甘於柔弱？像韓信和勾踐，他們的柔弱都只是階段性的，甚至只是在劣勢中取得優勢、邁向剛強的一種手段。在他們得志後，就再也不守柔，而變成一般所說的剛強了。但韓信最後的慘死和勾踐後來的賜死功臣文種，卻也都讓人搖頭嘆息。

貴柔處弱，只是一時、還是一輩子的事？也許每個人都應該好好想一想。

第七九局 ●○ 報怨以德：如何處理生命中的虧欠與怨懟

和大怨，必有餘怨；報怨以德，安可以為善？是以聖人執左契，而不責於人。有德司契，無德司徹。天道無親，常與善人。

天深重的怨恨經過調解，一定還有餘留的怨恨。用美德來回報怨恨，怎能算是妥善的辦法呢？所以聖人保存借據的存根，卻不索取償還。有德的人就像持有借據的人那樣寬裕，無德的人就像掌管稅收的人那樣苛取。自然的規律沒有偏私，但總是與善人同行。

弈後語

人與人、家族與家族、國與國之間，經常會存在著大小不一的怨與恨，讓人想起來就心裡不愉快。所謂「冤家宜解不宜結」，如何化解怨恨是大家都覺得應該做的事，但就像老子所說：「和大怨，必有餘怨」，如果結的是深仇大恨，而且積怨甚深，那麼和解通常只是表面的，一有個風吹草動，殘餘的怨恨馬上又會死灰復燃，再度張牙舞爪。

中日兩國間的恩怨情仇，就是一個很好的例子。從甲午戰爭開始，兩國的樑子就結得很深，特別是二戰期間，日軍在中國的種種暴行，更讓直接與間接的受害者沒齒難忘。戰後兩國雖簽了和約，看似已一笑泯恩仇，但當日本扭曲歷史，不承認慰安婦與南京大屠殺、更企圖強占釣魚台列島時，埋藏下去的舊恨立刻復活，新仇加舊恨，讓不少人又血脈賁張、咬牙切齒。在日本無條件投降後，中國政府以仁慈寬厚的態度對待她，真的是「報怨以德」，結果呢？日本竟忘恩負義，一意孤行，更讓很多人跳腳——早知如此，當初何必對他們那麼好？所以，「報怨以德」看起來的確不是什麼好方法。

那要怎麼辦才好呢？於是，老子心目中的「聖人」出場：很多人之所以對日本不滿，不僅是心中猶有餘怨，更因為期待日本能彌補他們的罪過，償還對我們的虧欠。但「聖人」就不一樣了，他手上雖握有「借據」（日本對中國的虧欠），卻不會索取償還；即使對日本「報怨以德」，那也是在反映自己一貫的行事風格或人格，並不會因此而認為自己很偉大，日本必須為此感恩、有所回報。如果大家都能這樣想，那就可以消去心頭之怨，而整個人和社會也會跟著輕鬆、自在許多。

當然，最好的辦法還是一開始就不要和人結怨。當別人侵犯到自己時，老子提出兩種對應的方式：一是「有德司契」，把它當作借據，微笑收下，但並不會強迫對方歸還，這樣做正表示自己的心胸寬裕，只會讓人感念，哪裡還會產生什麼怨恨？一是「無德司徹」，像收取租稅的官員，不僅要對方欠債還債，而且還斤斤計較、窮追猛索，這樣當然就會受人厭惡與怨恨。到底是要做哪種人？自己看著辦。

本局最後一句「天道無親，常與善人」，經常被引用，但也經常受誤解。很多人以為「善人」就是品德高尚的好人，所謂「善有善報」，老天爺一定會獎賞好人，但卻也因此而讓人質疑，譬如司馬遷就在《史記》裡說：像伯夷、叔齊這樣的好人，老天爺為什麼會讓他們餓死呢？這其實是對老子莫大的誤解，他說的明明是「天道無親」——老天不會偏袒什麼好人或壞人。「善人」指的是善於奉行天道、順應自然的人，自然講的是「種瓜得瓜，種豆得豆」，但「瓜」與「豆」跟一般人所認為的「善」與「惡」是兩碼子事。老子的「善人」是依自己的天性、良知自然而為，心中並無「我是在做好事」的想法；因為行事符合自然，自然或他人也許會給他良性的回饋，但他也不會認為這是「老天對我的獎賞」，他只是在做他樂於去做的事。

這才是我們應該有的立身行事之道。

第八十局●○理想世界：回到過去或邁向未來？

小國寡民。使有什伯之器而不用；使民重死而不遠徙。雖有舟輿，無所乘之；雖有甲兵，無所陳之。使民復結繩而用之。

甘其食，美其服，安其居，樂其俗。鄰國相望，雞犬之聲相聞，民至老死，不相往來。

國家小，人口少。即使有各種器具也不使用。人們愛惜生命而不遠行遷徙。雖有車船，卻沒有必要乘坐；雖有武器裝備，卻沒有地方部署。讓人們回復到結繩記事的狀態。

在這樣的國土裡，人民有甜美的飲食，美觀的服飾，安適的居所，歡樂的習俗。鄰國之間彼此可以看見，雞鳴狗叫聲也相互可以聽到，但人民從生到死，卻不相往來。

弈後語

在這一局，老子描述了他心目中的理想國。但看起來，這個理想國似乎不是在未來，而是在過去；從務實的角度來看，不僅不可能實現，而且也不是很理想。

不可能實現，主要是因為人類的文明是不斷前進的，不太可能再走回頭路。要大家回復到結繩記事的狀態，不僅是在開時代倒車，而且是強人所難。當大家都在使用電燈時，偶爾點點蠟燭，發發思古之幽情，為生活增加情趣，似乎也不錯；但若要大家把電燈都收起來，丟進倉庫裡，全部都改用過去的蠟燭，那怎麼可能？

不太理想，因為在比較之下，明明有更好的東西，卻要大家用較差的東西，自然會讓人失望。小國寡民，聽起來似乎不錯，但雞犬相聞，卻又要大家老死不相往來，生活不僅容易變得閉鎖、沉悶，也違反自然。

當然，我們可以理解，因為老子所處時代的政治昏暗、人欲橫流、社會動盪、大國不斷兼併小國、人民離散、生活痛苦，他的理想國主要是有感於此而提出的一個心靈避難所。除了有濃厚的復古意味外（儒家的理想國也是在過去，但西方則大異其趣，他們的理想世界通常是在未來），不重物質而強調精神生活的滿足更是重點，所謂「老死不相往來」並非有意閉鎖，而是精神生活若圓滿自足，就不會對外界有太大的興趣，也不必寄望於他人或外界為自己的人生提供意義。老子的理想國讓我想起位於喜馬拉雅山腳下的不丹小國：

根據聯合國在二〇〇四年的全球人類發展報告，不丹在一九二個國家中位居一三四名，不只經濟與物質生活相對落後，也相當閉鎖，她直到一九七四年才開放外國人進入，一九九九年才有電視。但在二〇〇六年英國萊斯特大學公布的《全球快樂排行榜》中，不丹在一七八個國家卻名列第八，位居亞洲第一位，比日本高出八十名，比美國高出九名。為什麼不丹人會特別快樂？因為前國王旺楚克在一九八〇年代提出的施政方針是不像其他國家般追求「國民生產毛額」（GDP），他要的是「國民幸福指數」（GNH），重視社會和諧與人民精神生活的滿足，曾經創下有九七％的人民感覺幸福的紀錄，還因此而被譽為人間最後的樂土。這似乎印證了老子的某些說法。

但諷刺的是，當愈來愈多的外國人因慕名而進入這塊人間最後的樂土，還有在二〇〇八年轉型成民主政體，加快現代化的腳步後，擁有電視、手機、電腦、汽車的人愈來愈多，但生活卻愈來愈不快樂，竊盜、搶劫等犯罪頻傳，酗酒、吸毒人數激增，到二〇一一年，感覺幸福的不丹人已降為四一％。這似乎也在支持老子的某些論點，追逐物欲只會讓人更感空虛。

不丹人為什麼會變得比較不幸福，牽涉到很多因素。幸福其實是一種很主觀的感受，過去不丹人覺得很幸福，有一個原因是他們缺乏比較，不知道外面世界的人過著什麼生活，想當然耳地覺得自己很幸福；但在和外界接觸愈多、了解愈多後，相較之下，就會有愈多的人覺得自己其實不幸福。這也是為什麼有人會說「無知是一種幸福」的原因，老子在前面所說的「常使民無知無欲」是否也有這個意思？值得大家深思。但為了讓人保持這種「主觀的幸福感」，就必須過著與外界隔絕的生活、甚至禁止人民和外界接觸嗎？我以為這是鴕鳥心態，也沒有人有權這樣做。

曾任美國經濟學會與美國科學促進會會長的伯丁教授，他心目中的理想世界跟老子的「小國寡民」有點類似：他認為未來的理想世界應該由大約五百個獨立的國家所組成，這些國家都像「島嶼」一樣有自己獨特的文化與認同，也有產生個別突變的能力，但並非老死不相往來，而是透過貿易、旅遊與國際組織而彼此有密切的接觸。但在接觸中，他們不是互相羨慕，而是彼此欣賞，對自己國家與自己選擇的生活方式有相當的自信，也許可以擷取他人的一些優點來彌補自己的不足，但絕不會在比較中迷失自我。

也許這才是一個比較理想的世界吧？當然，它也不見得能實現。但對個人來說，認為美好人生應該是在有待開發的未來，而不是在無可挽回的過去，才是一種比較理想的態度吧！

第八一局●○聖人不積：自由自在、無私無欲地放下

信言不美，美言不信。善者不辯，辯者不善。知者不博，博者不知。聖人不積，既以為人己愈有，既以與人己愈多。天之道，利而不害；聖人之道，為而不爭。

真實的話不動聽，動聽的話不真實。善良的人不巧辯，巧辯的人不善良。真懂的人不賣弄廣博，賣弄廣博的人並不真懂。

聖人不為自己積攢什麼，他愈是幫助別人，自己反而愈是充足；愈是給予別人，自己反而愈加豐富。自然的法則是有利萬物，而不加以損害；聖人的作風是給予，而不爭奪。

弈後語

終於來到最後一局。但下（看）完以後似乎覺得有點平淡、有點意猶未盡。

一部偉大的哲學著作在結尾時，不是應該以無比的睿智，一語道破生命的奧祕，讓人茅塞

頓開，看到一條光明大道；或者是用玄妙之辭，留下謎團，讓人終生參透不盡嗎？但老子顯然沒有這樣做，也許壓根兒就不想這樣做。

老子說的是：動聽的話不真實、巧辯的人不善良、賣弄廣博的人並不真懂，無異是在對懷有上面期待的人潑了一盆冷水。我想這才是老子最真實、最自然的想法，他一再強調大自然行的是「不言之教」，雖然為了溝通與表達，有些話是不得不說，但一部《道德經》五千言，已經說太多了；再說下去，依然是「道可道，非常道」，所以乾脆提醒大家，人生的道理說得再天花亂墜、口若懸河都沒有用，反而讓人誤入歧途，因為重要的是做而不是說。

但是，好事者還是忍不住要問：「信言不美，美言不信。善者不辯，辯者不善。知者不博，博者不知」這幾句說得太武斷了吧？誰說「信言」一定「不美」，「美言」一定「不信」呢？難道沒有「信而美」的話嗎？沒有「又博又知」的人嗎？我想老子所提的這些對立說法當然不是絕對的，甚至《道德經》裡大部分的說詞也都不是絕對的，但總不能要他在每一句話後面都附加「這不是絕對的」、「這不是絕對的」的提醒吧？在前面，我也曾用「絕對性」和老子抬槓，他當然無法辯白，其實也不用辯白，因為人生本來就很少有什麼絕對的東西。

英國的羅素是二十世紀的偉大哲學家，也是我最喜歡的西方哲學家之一。他是個和平主義者，曾為了宣揚反戰理念而被劍橋大學解聘、被判刑，但他說：「我絕對不會為我的信念而死，因為我的信念可能是錯的。」人活在世上，當然需要某些信念，而且要有所堅持，甚至還要加以宣揚。但有些時候，更需要懂得放下，宇宙與人世的萬事萬物相當複雜，並不是只有你想的才是對的、好的。有沒有上帝不知道，但沒有人能扮演上帝。

「聖人不積」，原意為行道之人不要積累各種有形無形的東西，而應該多多付出。但「不積」更有「放下」之意，不只要放下財物、私欲，還包括身分、權力、主張等等，只有放下自己、放空自我，才能自由自在、無私無欲地盡一己之所能去幫助別人、給予別人；然後在幫助與給予中，發現自己的充足與豐富。

這部《道德經》可以說就是老子的付出。他不私藏他的睿智，拿出來和我們分享，讓我們認識到他內心的充足豐富，並從中得到一些可以信持的人生指引。對這些人生指引，如果覺得有理，那麼在多數時候，我們都必須身體力行並有所堅持；但在有些時候，我們還是要懂得放下。放下看似柔弱，但有時候比剛強的堅持來得恰當，而且有智慧。

067 文化小露台	韓良露｜著	定價360元
068 台北回味	韓良露｜著	定價340元
069 香料罐兒	陳念萱｜著	定價320元
070 問世間，性是何物？中國文化裡的情與色	王溢嘉｜著	定價330元
071 哪兒飄來這些雲	辜琮瑜｜著	定價280元
072 這個・世界・怪怪的	許亞歷｜著	定價330元
073 只有青春唱不停：吳志寧的音樂、成長與阿爸	吳志寧、吳晟、林葦芸｜合著	定價350元
074 一握之砂：石川啄木短歌全集	石川啄木｜著　林水福｜譯	定價270元
075 捨得，捨不得──帶著金剛經旅行	蔣勳｜文字・攝影・書法	定價380元
076 金剛般若波羅蜜經──蔣勳手抄	蔣勳｜書法	定價550元 特價420元
077 我願──金剛經的祝福（盒裝典藏獻禮）	蔣勳｜著	定價1099元
078 在每一個可以改變歷史的時刻	小野｜著　張大魯｜攝影	定價320元
079 樂活在天地節奏中──過好日的二十四節氣生活美學	韓良露｜著	定價360元
080 蔬醒	鄧美玲｜著	定價280元
081 負劍的少年	宇文正｜著	定價330元
082 我的肩上是風	馮平｜著	定價330元
083 著時──南方・美時・美食	王浩一｜著	定價360元
084 暮至臺北車停未	吳妮民｜著	定價300元
085 你要去哪裡	胡晏萱、張純禎｜圖・文	定價360元
086 這溫柔來自何處──《紅樓夢》裡的愛情命運	朱嘉雯｜著	定價280元
087 大島小島	廖鴻基｜著	定價320元
088 狗日子・貓時間：韓良露倫敦旅札	韓良露｜著	定價360元
089 最美的是 霧	林文義｜著　曾郁雯｜攝影	定價300元
090 寫在風中	馮平｜著	定價320元
091 老童年：美好，很久之後才明白	賴鈺婷｜著	定價300元
092 基隆的氣味	鄭栗兒、鄭順聰｜著　林煜幃等｜攝影	定價340元
093 與老子笑弈人生這盤棋	王溢嘉｜著	定價300元

光遷

001 想見，看見，聽見：走出鏡頭之外	阮義忠｜著	定價350元

生命有路

001 發現治癌大藥：一代宗醫攻克癌病實證	趙中月・田原｜著	定價350元
002 子宮好，女人才好：百年女科養女人	田原｜著	定價320元
003 破解男題：男性與家庭的健康權威讀本	王琦・田原｜著	定價330元
004 人體臉書：降低80%發病機會的身體觀測要領	田原｜著	定價330元
005 吃對你的菜，個性自然改，好運就會來：專屬你的身體最需要的蔬菜排行榜	王琦・田原｜著	定價330元
006 磨食：健康長壽者共同的祕訣	胡維勤｜著	定價330元
007 好夢對策：不可忽略的健康解密	王鳳香｜著	定價320元
008 子宮好，女人才好2：八百年女科是這樣看病的	田原｜著	定價320元

乘著聲音的翅膀

001 孤獨六講有聲書	蔣勳｜著	定價750元
002 微塵世界──蔣勳念誦金剛經（有聲書）	蔣勳｜念誦	定價400元 特價299元

解生命的題

001 靈魂的自由	伊能靜｜著	定價280元
002 這時候，博盃就對了！	丁家福 等｜著	定價300元

健康養生策略

001 拒絕感流行──新舊流感都不怕的防疫養生書	盛竹玲｜著	定價168元

看事物的愉悅

001 器・手作	ZAMAMA金屬物件工作室｜著	定價260元
002 成語迷宮	黃慶桓｜著	定價200元
003 蛇女蕾米雅	濟慈｜著・葉欣｜譯	定價220元
004 唱片收藏面面觀：一個樂迷到收藏家的歷程	郭思蔚｜著	定價420元

有鹿文化全書系，照顧您的身心靈

看世界的方法

001	美的曙光	蔣勳｜著	定價350元
002	用美拚經濟	有鹿文化｜編撰	定價99元
003	蒙娜麗莎微笑的嘴角	林文月｜著	定價280元
004	愛吃鬼的華麗冒險	李昂｜著	定價320元
005	身體褶學	張小虹｜著	定價280元
006	人生的旅行存摺	邱一新｜著	定價350元
007	飛魚・百合	廖鴻基｜著	定價280元
008	最絢麗的黃昏過後	林 雅行｜著	定價300元
009	一閃一閃亮晶晶	林正盛 等｜著	定價350元
010	般若心經的生活觀	星雲大師｜主講	定價270元
011	創作的型錄	許悔之｜著	定價280元
012	青山青史——連雅堂傳	林文月｜著	定價280元
013	資本主義有怪獸	張小虹｜著	定價280元
014	成就的祕訣：金剛經	星雲大師｜著	定價280元
015	笨蛋！問題在領導	南方朔｜著	定價280元
016	孤寂星球，熱鬧人間	呂政達｜著	定價280元
017	溼地 石化 島嶼想像	吳晟・吳明益｜主編	定價350元
018	愛情，考古學	薇薇夫人｜著	定價250元
019	各就各位	羅位育｜著	定價250元
020	如果漏讀人性，成功總是差一步	王溢嘉｜著	定價280元
021	如果沒有女人，男人何必穿褲子	王溢嘉｜著	定價280元
022	人海慈航：怎樣知道有觀世音菩薩	星雲大師｜著	定價350元
023	漏網新魚：一波波航向海的寧靜	廖鴻基｜著	定價320元
024	因為有好心——一位平民律師的幸福密碼	李伸一｜著	定價320元
025	快樂，自信，做妖精——我從肚皮舞改變的人生	廖之韻｜著	定價270元
026	此生——肉身覺醒	蔣勳｜著	定價380元
027	別白忙了，兌現創意才是王道！	王溢嘉｜著	定價320元
028	小地方：一個人流浪，不必到遠方	賴鈺婷｜著	定價280元
029	種地書	蔡珠兒｜著	定價320元
030	活用禪：豁然開朗的人生整理術	王溢嘉｜著	定價280元
031	花轎、牛車、偉士牌：台灣愛情四百年	石芳瑜｜著	定價280元
032	孩子，請為我活下去	劉采涵｜著	定價280元
033	新編美的曙光	蔣勳｜著	定價380元
034	此時眾生	蔣勳｜著	定價320元
035	莊子陪你走紅塵	王溢嘉｜著	定價280元
036	抱願，不抱怨	釋果東｜著	定價280元
037	活出增值人生：20位名人通往幸福的大道	阿基師等｜著	定價280元
038	GO!畫筆丟進背包裡：旅遊回憶輕鬆畫	劉國正｜著	定價320元
039	十種幸福之道：佛說妙慧童女經	星雲大師｜著	定價280元
040	愛吃鬼的祕徑：李昂帶路的美食奇妙之旅	李昂｜著	定價330元
041	金剛經尋寶	陳念萱｜著	定價300元
042	惡之幸福	楊索｜著	定價280元
043	只要不忘就好	韓良憶｜著	定價300元
044	明天吹明天的風：一位精神科醫師脫下白袍之後	張學岑｜著	定價280元
045	台南的樣子	王美霞｜著	定價320元
046	你本就擁有的完美生命：讓每一口呼吸都喜悅圓滿的方法	夏鉑坦真仁波切｜著	定價300元
047	回來以後	郝譽翔｜著	定價300元
048	不良主婦之愛情食療：有些事，太乖的人幫不了你	許邦妮｜著	定價320元
049	吃品味：尋常好滋味	陳念萱｜著	定價300元
050	世界第一麥方ㄆㄤˋ：二位麵包師傅，一條堅持的路	林正盛｜著	定價300元
051	CATCH斯里蘭卡：純真國度的微笑	鄭栗兒｜著	定價350元
052	誰伸出看不見的手？：中國人的命理玄機	王溢嘉｜著	定價280元
053	水晶之心：改變命運的二十則心智慧	松柏仁波切・鄭栗兒｜著	定價300元
054	肉身供養	蔣勳｜著	定價380元
055	出好貨：細節淬鍊老品牌的24個故事	韋瑋｜著	定價350元
056	遠走的想像	賴鈺婷｜著	定價300元
057	超越生死：佛教的臨終關懷與生死解脫	達照｜著	定價320元
058	台南過生活	王美霞｜著	定價350元
059	素描，這樣畫才好看	劉國正｜著	定價260元
060	當老樹在說話：那一年他們在台南種下的樹	王浩一｜著	定價350元
061	那些人住在我心中	宇文正｜著	定價300元
062	阿嬤抱抱！：小龍女和我們的成長	廖玉蕙｜著	定價330元
063	閣樓小壁虎	鄭栗兒｜著	定價260元
064	冷戰中的兩面派：英國的臺灣政策1949-1958	汪浩｜著	定價350元
065	一張全票，靠走道：青春歐吉桑的電影本事	施昇輝｜著	定價330元
066	從我們的眼睛看見島嶼天光：太陽花運動，我來，我看見	小野等｜著	定價330元

與老子笑弈人生這盤棋

看世界的方法 093

作者 王溢嘉

內文校對 連秋香
整體設計 吳佳璘
責任編輯 施彥如

董事長 林明燕
副董事長 林良珀
藝術總監 黃寶萍
執行顧問 謝恩仁

社長 許悔之
總編輯 林煜幃
主編 施彥如
美術編輯 吳佳璘
企劃編輯 魏于婷
行政助理 陳芃妤

策略顧問 黃惠美・郭旭原・郭思敏・郭孟君
顧問 施昇輝・林子敬・謝恩仁・林志隆
法律顧問 國際通商法律事務所／邵瓊慧律師

出版 有鹿文化事業有限公司
地址 台北市大安區信義路三段106號10樓之4
電話 02-2700-8388
傳真 02-2700-8178
網址 www.uniqueroute.com
電子信箱 service@uniqueroute.com

總經銷 紅螞蟻圖書有限公司
地址 台北市內湖區舊宗路二段121巷19號
電話 02-2795-3656
傳真 02-2795-4100
網址 www.e-redant.com

ISBN：978-986-92020-3-9
初版：2015年10月
初版第五次印行：2021年2月20日

定價：300元

國家圖書館出版品預行編目(CIP)資料

與老子笑弈人生這盤棋 / 王溢嘉著.
一初版.一臺北市：
有鹿文化, 2015.10
面；公分.一(看世界的方法；93)
ISBN 978-986-92020-3-9 (平裝)
1.老子 2.人生哲學
191.9 104017476